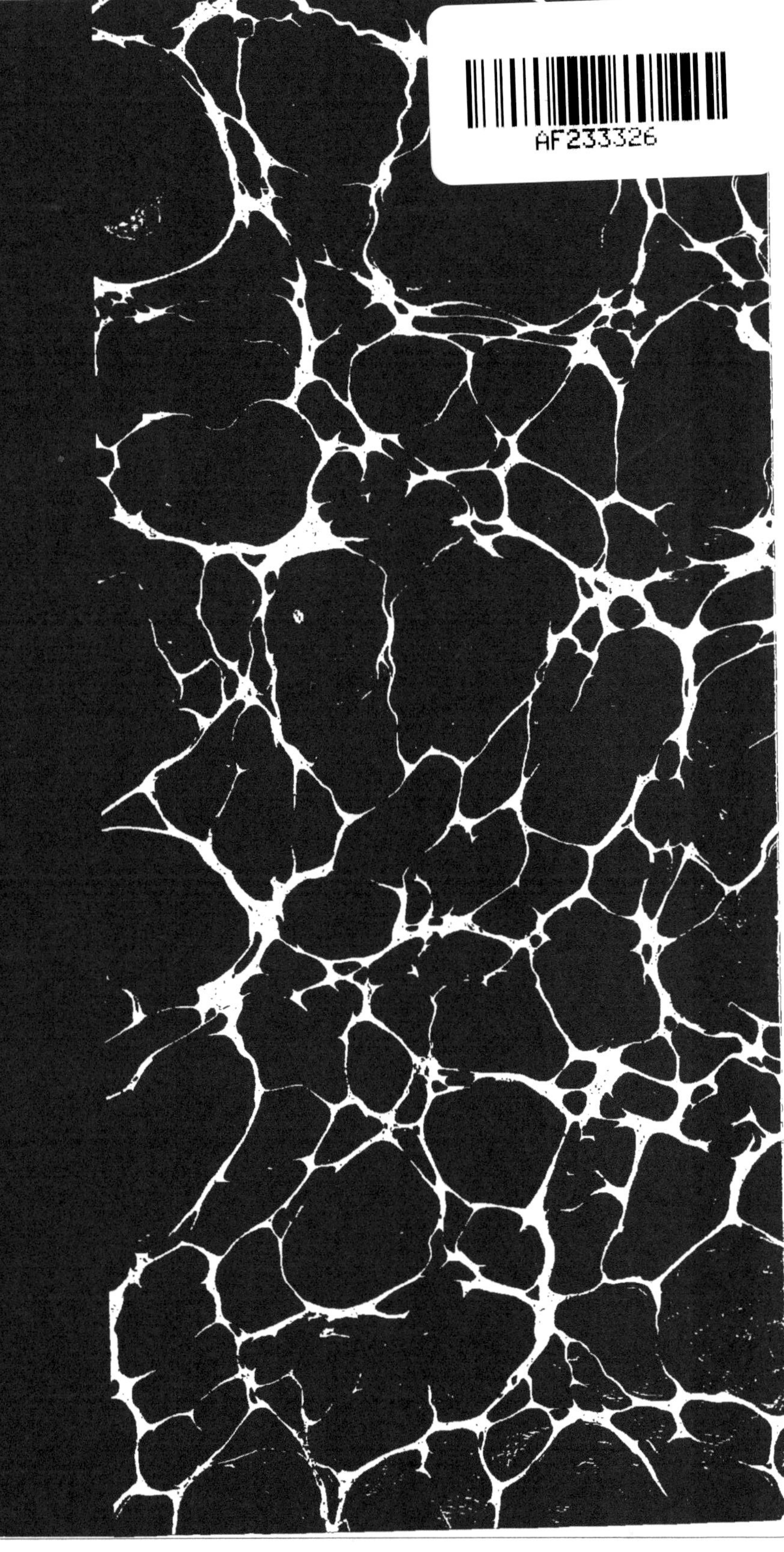

HISTOIRE

ANCIENNE,

OU

PREMIÈRE PARTIE

DE

L'HISTOIRE

DES

HOMMES.

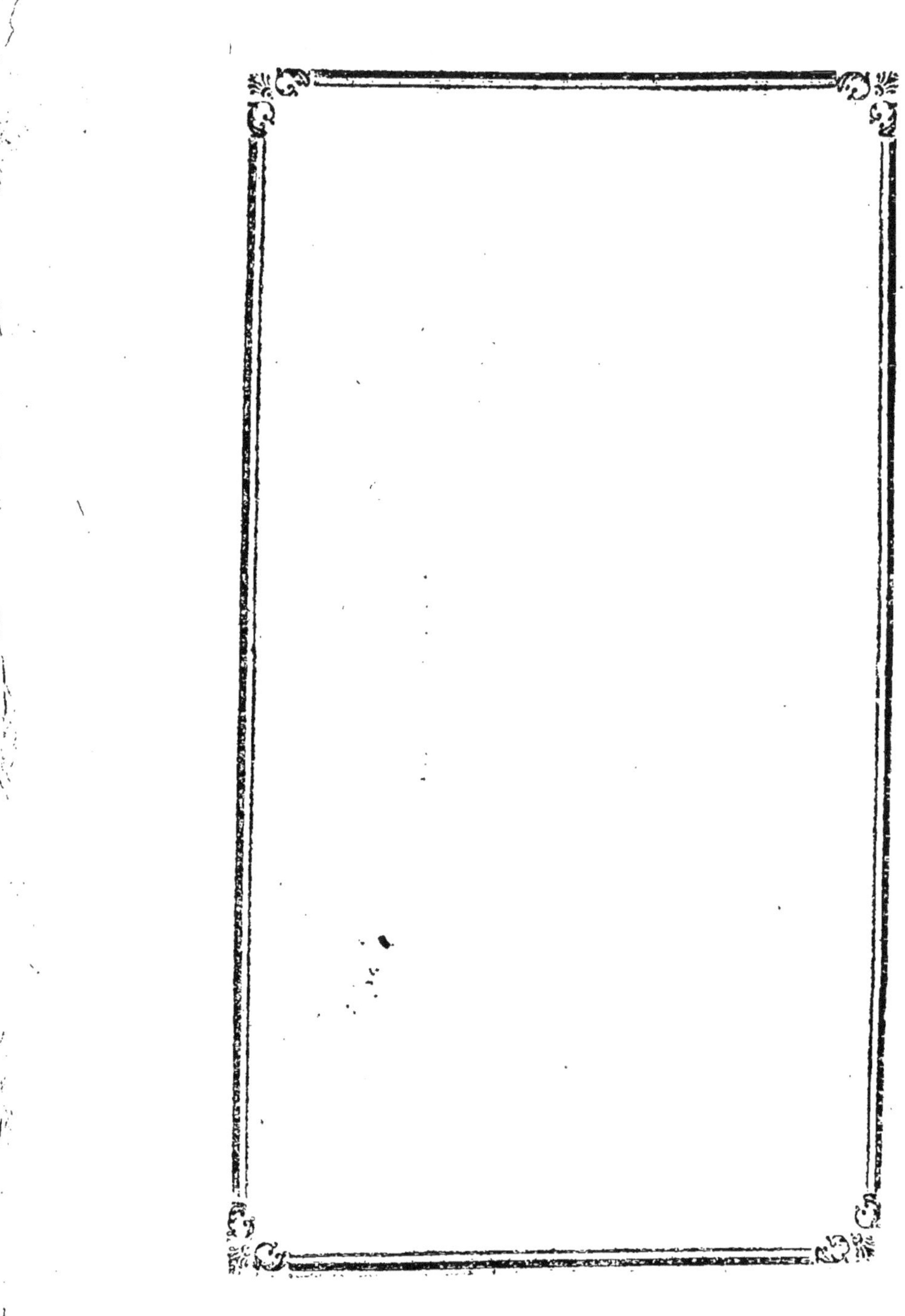

HISTOIRE

DES

HOMMES,

OU

HISTOIRE

NOUVELLE

DE TOUS LES PEUPLES

DU MONDE,

PARTIE DE L'HISTOIRE ANCIENNE.

TOME XIV.

A PARIS,

M. DCC. LXXXII.

Avec Approbation, & Privilége du Roi.

HISTOIRE

DE

LA GRÈCE.

HISTOIRE

DE PERSÉE

ET DES GORGONES.

Les allégories font le fléau de l'histoire: elles y introduisent un esprit de conjectures, qui en détruit toute l'authenticité; cependant il y a des occasions (infiniment rares il eft vrai) où le critique le

plus éclairé peut les admettre : c'eft lorfqu'il eft avéré que les premiers Hiftoriens
d'un peuple ont été des Poëtes, & fur-
tout lorfque le voile de l'allégorie eft
fi aifé à percer, que de l'interprétation
d'un mot, tout le merveilleux de l'évé-
nement difparaît.

Ce principe nous a fervi à expliquer
une partie des travaux de l'Hercule oriental, & il nous fervira encore à mettre,
fous un point de vue philofophique, les
aventures romanefques de Perfée & des
Argonautes.

Perfée naquit, comme nous l'avons
vu, des amours de Prétus & de Danaë.
La pluie d'or dont fit ufage le faux Jupiter, n'était évidemment que l'emblême
de la corruption des gardes de la Tour.
Le coffre dans lequel Acrifius fit renfermer la mère & l'enfant, ne défignait
que la nacelle fans voiles & fans rames,
fur laquelle les deux victimes abordèrent dans l'ifle de Sériphe. Toutes ces
explications naiffent de la fimple expo-

fition des faits. Elles ont d'autant plus
de droit à la croyance humaine, qu'elles
ne tendent à établir aucun fyftême.

Perfée né avec toutes les qualités qui
conftituenr les héros chez les peuples encore neufs, c'eft-à-dire, avec la bravoure
& ce zèle chevalerefque qui la fait fervir à la défenfe des opprimés, ne tarda
pas à donner de l'ombrage à Polydecte.
Ce Prince, qui craignait d'ailleurs de fe
voir éclairer par le fils, dans l'intrigue
myftérieufe de fes amours pour la mère,
réfolut de l'éloigner de fes Etats; il pré-
texta fon mariage avec Hippodamie. Les
amis d'un Roi, dans ces tems-là, lui
faifaient des préfens le jour de fes nôces;
Polydecte, qui fe regardait comme le
bienfaiteur de Perfée, lui demanda la
tête de la Gorgone.

Il ne paraît pas d'abord aifé d'expliquer à un Lecteur philofophe ce que
c'eft qu'une tête de Gorgone. Les Anciens
en ont beaucoup parlé, mais avec une
fi grande diverfité d'opinions, qu'après

en avoir lu vingt, on cherche encore la lumière (*a*).

Ammonius Sérénus prétend que les Gorgones étaient de jeunes vierges fi belles, qu'on ne pouvait arrêter fes regards fur leurs charmes, fans refter immobile d'admiration (*b*). Les Paladins tombent aux genoux de pareilles femmes, & ne leur coupent pas la tête.

Un Héraclite dont il nous refte quelques fragmens *fur les chofes incroyables*, voudrait que les Gorgones euffent été des courtifannes, qui proftituaient leurs charmes aux hommes vils qui croyent pouvoir acheter le plaifir ; mais un héros méprife la beauté qui fe dégrade, & ne l'affaffine pas.

(*a*) L'Abbé Maffieu a raffemblé tous les textes des Poètes & des Hiftoriens fur les Gorgones, dans le tome IV des *Mémoires de l'Académie des Belles-Lettres*. Son travail exact & judicieux a fingulièrement fimplifié nos recherches.

(*b*) Servius, *not. in lib. 6. Æneid.*

Pline, meilleur Logicien , laiſſe entendre que les Gorgones étaient des
femmes ſauvages , peu différentes de ces
eſpèces de ſinges d'Afrique , dont nous
avons vu l'Amiral Hannon rapporter les
dépouilles à Carthage ; on commence
à concevoir comment Perſée, amoureux
de périls & de gloire , a pu aller délivrer la Libye des incurſions d'une horde
de Orang-Outangs.

Alexandre de Mynde ne conſent pas
que les Gorgones ſoient des êtres in-
termédiaires entre l'homme & la brute :
il tranche le mot , & en fait des qua-
drupèdes à longue crinière qui empoi-
ſonnaient de leur haleine (*a*).

L'Abbé Banier , qui a rêvé ſi longue-
ment ſur la Mythologie , interprète le
texte d'Alexandre de Mynde , en faiſant
des Gorgones, des moutons de Barbarie (*b*).
Il n'y a que le poiſon de leur haleine

(*a*) Athen. *Hiſtor. Animal.* lib. II.

(*b*) *Hiſtoire de l'Académie des Belles-Lettres,*
tome 4, pag 74.

qui l'embarraſſe; ce qui ne l'empêche pas
d'aſſurer que la tête d'un de ces moutons formait l'Egide de Minerve.

Des Savants qui ont commenté à leur
tour les Commentaires de l'Abbé Banier, ſe ſont perſuadés que les Gorgones étaient des jumens d'Afrique, que
Perſée, avait été chercher pour les faire
féconder par les chevaux du Péloponèſe.

Une des explications les plus étranges, eſt celle de Paléphate : la Gorgone de Perſée, dit cet Ecrivain, n'eſt
pas Méduſe, comme tout le monde le
croit, c'eſt une ſtatue d'or de Minerve,
haute de quatre coudées, qu'avait fait
fondre Phorcus, Roi de trois iſles ſans
nom, qui ſont au-delà des Colonnes
d'Hercule; après ſa mort, ſes trois filles
ſe dévouèrent au célibat, pour veiller à
la garde de ce tréſor ; elles n'avaient
qu'un œil entr'elles trois, qu'elles ſe
prêtaient tour-à-tour. Perſée entendit
parler de ce prodige, il vint voir les
filles de Phorcus, leur vola leur œil, pen-

dant qu’elles fe le faifaient paffer , & enleva la ftatue. Affurément nous ne proftituerons pas l’Hiftoire des Hommes à expliquer la vifion de Paléphate.

Tzetzès n’époufe aucune de ces opinions fur les Gorgones. Il ne voit dans toute l’expédition de Perfée , que la double influence du foleil fur les vapeurs de la mer, & des vapeurs de la mer fur le foleil (*a*), & il explique tout cela comme les énigmes anciennes s’expliquent, avec de l’érudition, du ftyle poétique & des phrafes.

Le favant Auteur du *Monde primitif* renchérit encore fur Tzetzès, en fuppofant que les Gorgones font l’emblême de la lune dans fes phafes (*b*) ; & d’après cette idée, il commente avec beaucoup d’efprit le *bouclier d'Hercule* d’Héfiode. On croit lire l’Ariofte, & on eft tenté d’aller chercher la tête de Médufe

(*a*) Commentaire fur la *Caffandre* de Lycophron.

(*b*) Voy. tom. IV, pag. 487.

dans la lune, avec le bon sens de Roland, renfermé dans une bouteille.

Diodore, le sage Diodore, a parlé avec toute la simplicité historique des Gorgones, & il me paraît bien étonnant, qu'après avoir lu son récit, dégagé de toutes merveilles, on imagine de l'expliquer par des moutons de Barbarie, des vapeurs marines & des aspects de la lune dans ses phases.

Il y avait, dit cet Ecrivain (a), dans les plaines voisines du mont Atlas, & non loin du lac Tritonide, deux sociétés de femmes guerrières; l'une portait le nom d'Amazones, & l'autre celui de Gorgones. Myrine, Reine des Amazones, sollicitée par des peuples Africains qui voulaient être libres, & encore plus par cette rivalité qui s'éteint si rarement même dans les femmes qui se sont fait hommes, fit une descente dans le pays des Gorgones, les vainquit dans un com-

____

(a) Lib. 3, parag. 27 & 28. Il cite pour un de ses garants Denys de Mitylène.

bat fanglant, & en prit trois milles pri-
fonnieres ; comme le refte de ces guerrières fugitives s'était fauvé dans les bois,
l'Héroïne victorieufe qui voulait exterminer toute la nation, ordonna qu'on
mît le feu à leur afyle ; heureufement
les arbres, encore verds, fe refusèrent
à la barbarie des incendiaires, & les
Amazones eurent encore des rivales.

Cependant les Gorgones, dans l'intervalle, ne fe livrèrent pas à un défef-
poir ftérile ; celles qui étaient prifonniè-
res dans le camp de Myrine, profitèrent
de la négligence de leurs gardiennes, fe
faifirent de leurs armes pendant leur
fommeil, & les égorgèrent ; les cris des
mourantes répandirent l'allarme parmi
les autres Amazones ; elles enveloppè-
rent ce bataillon d'héroïnes, & après
une vigoureufe réfiftance, elles les pafsèrent toutes au fil de l'épée. Myrine,
le lendemain de cette nuit défaftreufe,
fit ériger trois monumens à fes compa-
gnes ; on les voyait encore au fiècle de

Céfar, & ils étaient connus fous le nom de *Tombeaux des Amazones.*

Ce récit n'a rien qui révolte la raifon. Paufanias y ajoute d'autres détails qu'on peut adopter, fans recourir à la reffource conjecturale des allégories (*a*). Les Gorgones, long-tems après l'évènement dont nous venons de parler, dérogeant à leurs antiques ufages, fe laifsèrent gouverner par un Roi nommé Phorcus, qui tranfmit fa couronne à Médufe, fa fille, plus digne encore que lui de la porter.

Médufe étendit fon empire dans la Libye, & fit de fa nation une puiffance dominante. C'eft à cette époque que Perfée partit, à la tête d'une petite armée d'élite, qu'il avait tirée du Péloponèfe, & vint demander aux Africains la tête de la Gorgone.

Médufe répondit pour les Africains, en fe préfentant au héros à la tête d'une ar-

____

(*a*) *Corynth.* ou lib. 2, cap. 21.

mée rangée en bataille. Perſée, qui ne
s'attendait pas à une ſi vigoureuſe réſiſ-
tance, dreſſa la nuit une embuſcade où
la Gorgone tomba & périt. Le lendemain, trouvant ſon corps étendu ſur la
place, il fut ſurpris de ſa beauté que les
voiles de *la* mort avaient à peine altérée;
il lui coupa la tête & la porta en Grèce,
comme un monument de ſa victoire.

Tel eſt le cannevas ſimple ſur lequel
les Poètes & les fabricateurs de romans
philoſophiques ont brodé les aventures
merveilleuſes de Perſée & de la Gorgone.

Héſiode dans ſa *Théogonie* (*a*), dit
que Méduſe accorda ſes faveurs au dieu
des mers, au milieu d'un champ émaillé
de fleurs que le printems venait de faire
naître; ce qui ne l'empêcha pas de périr
d'une manière tragique; mais au moment
où Perſée lui coupait la tête, un prodige
fit connaître toute la ſenſibilité de Neptune. Le ſang qui découlait de cette tête

____

(*a*) Vers 270.

mutilée, fit naître le héros Chryfaor &
le cheval Pégafe. Chryfaor devint père
de Géryon, géant à trois têtes ; pour le
courfier aîlé, dédaignant la terre qu'il
foulait de fon pied fuperbe, il s'envola
au féjour du tonnerre.

Le même Poète ajoute de nouvelles
teintes à ce tableau dans fon *bouclier
d'Hercule* (*a*). » On voyait repréfenté
» fur cette partie de l'armure d'Alcide,
» le belliqueux Perfée, qui, grace à
» l'adreffe de l'Artifte, femblait s'élan-
» cer hors du tableau, & dédaigner tout
» point d'appui ; fes pieds légers étaient
» terminés par des aîles, & fon vol ra-
» pide paraiffait égaler la penfée. Un
» glaive d'airain était attaché au baudrier
» du héros, & il portait fur fes épaules
» la dépouille monftrueufe de la Gor-
» gone, enveloppée dans un réfeau d'ar-
» gent, garni de crépines d'or. Le cafque
» de Pluton ombrageait fa tête ; cafque

______

(*a*) Vers 216.

» terrible qu'entourent des ténèbres éter-
» nelles. Vulcain avait peint Persée au
» moment où , pourfuivi par les deux
» fœurs de Médufe , il précipitait fa
» fuite. Les effroyables Gorgones s'effor-
» çaient de l'atteindre ; l'oreille femblait
» entendre *le* fifflement de leur armure ;
» on ne voyait point fans effroi les deux
» ferpens qui leur fervaient de ceinture ;
» ces reptiles , irrités par les Gorgones ,
» dreffaient leur tête enflammée , grin-
» çaient les dents avec rage , & lançaient
» au loin le noir poifon qu'ils diftillaient
» de leur bouches entr'ouvertes «.

Voilà un tableau plein d'ame & de
vie , qui fait pardonner au fond abfurde
qui en a donné l'idée. Il s'en faut bien
que la plupart des Poètes qui ont commenté Héfiode , aient racheté , comme
lui , l'extravagance de l'enfemble par le
génie des détails.

Efchyle , le plus ancien des drama-
tiques Grecs , dans des vers qui touchent
moins au fublime qu'à l'emphafe , ra-

conte que les Gorgones n'avaient entr'elles qu'un œil & une dent qui leur
fervaient en commun ; il ajoute que jamais le foleil ne les éclairait de fes rayons
ni le flambeau de la nuit de fa lumière.
Les ferpens, à l'en croire, formaient leur
chevelure, & nul homme ne pouvait les regarder en face, fans perdre auffi-tôt la vie (*a*).

On ne voit pas d'abord comment Perfée, en préfentant une tête de Gorgone,
hériffée de ferpens morts, pouvait ôter la
vie à fes ennemis ; mais Pindare nous explique le texte d'Efchyle, en difant que la
vue de cette tête livide & fanglante, pétrifiait les fpectateurs. L'expreffion dont
il fe fert eft d'une énergie fublime (du
moins dans la langue Grecque) : *Cette
tête*, dit-il, *dont la chevelure était treffée
de ferpens, portait par-tout où elle paffait
une mort de pierre* (*b*). C'eft ainfi, ajoute
le même Poète dans une autre de fes

(*a*) Tragédie *de Prométhée, attaché au mont
Caucafe.*

(*a*) *Pythic.* Ode X.

Odes, que Persée se vengea de Polydecte, qui voulait violer sa mère ; il le
pétrifia lui & tous ses sujets ; voilà pourquoi l'isle de Sériphe paraît encore aujourd'hui si hérissée de rochers (*a*).

On aime à voir les Poètes expliquer
la théorie physique du globe, avec les
contes bleus de la Mythologie. Apollonius de Rhodes, non moins Physicien
que Pindare, rend raison avec l'histoire
de la Gorgone, de la quantité incroyable
de couleuvres qu'on rencontre dans la
Libye. Persée, dit-il, vainqueur de Méduse, prit son vol au-dessus de cette
contrée Africaine, & toutes les gouttes
de sang qui coulèrent dans la route, de
cette tête mutilée, se métamorphosèrent
en autant de serpens (*b*). — Il est très-évident que sans le voyage du fils de Danaë dans les airs, il n'y aurait point de
reptiles dans les plaines embrasées du
Zaara & du Biledulgérid.

(*a*) Dernière Ode *Pythique.*
(*b*) Lib. 4, vers 1513.

Ovide n'a pas laiffé échapper l'hiftoire romanefque de la Gorgone, qui prêtait tant à fa verve enchanterefle. Il paffe en revue toutes les traditions orientales, & il y ajoute le conte d'Atlas (*a*). Suivant ce beau génie, Perfée, la tête de Médufe en main, vient voir Atlas, lui demande fon amitié, & fur le refus, lui préfente la tête hériffée de ferpens, qui le change foudain en montagne. — Cette métamorphofe du Roi de Mauritanie équivaut à la création d'un continent ; car on fait que l'Atlas s'étend de la mer Rouge jufqu'au détroit de Gibraltar.

Perfée ne borna pas fa gloire à la défaite des Gorgones ; après avoir purgé la Libye de ces fecondes Amazones, qui l'infeftaient de leurs brigandages, il vint dans la Phénicie (*b*), & il y trouva une ample matière à de nouveaux exploits. Un am-

____

(*a*) *Metamorph.* lib. 4 & 5.

(*b*) Strab. *Geograp.* lib. 1, & Jofeph. *de Bell. Judaïc.* lib. 4.

phybie monftrueux portait depuis long-
tems la défolation & le ravage dans les
campagnes voifines de la mer ; la nation
qui aurait pu réunir fes guerriers pour
l'exterminer, aima mieux confulter fes
Prêtres ; l'oracle parla en effet, mais
comme il parle toujours, quand la fu-
perftition le met en jeu ; il déclara que
le monftre ne quitterait la Phénicie que
quand on lui aurait expofé Andromède,
la fille du Souverain. La nation eut la
lâcheté d'obéir. On alla arracher des bras
d'un père timide la victime inocente,
& on l'attacha à demi-nue fur un rocher
voifin du repaire de l'amphybie. Andromède, abandonnée de fa patrie & de
fes dieux, n'attendait plus qu'une mort
cruelle, lorfque Perfée parut, monté fur
le Pégafe, tua le monftre, & délivra la
victime.

Le fond de cet évènement ne doit
point être rangé parmi les traditions fa-
buleufes qu'on a accumulées dans la vie
de Perfée. Strabon, Méla, Solin, &

toute l'antiquité, dépofent en fa faveur.
Pline dit pofitivement qu'entre les merveilles que Scaurus fit voir à Rome pendant fon Edilité, fe remarquaient les
offemens du monftre à qui on avait voulu
faire dévorer Andromède. Leur lon-
gueur, ajoute-t-il, était de quarante
pieds, & l'épine feule du dos, avait un
pied & demi de diamètre (*a*).

L'unique circonftance de cette avanture
qui prête au fcepticifme, c'eft le prodige de
la tête de la Gorgone, pofée, après la déli-
vrance d'Andromède, fur des plantes marines qui à l'inftant fe pétrifient & fe chan-
gent en corail. Au refte, ce conte n'a d'autre
garant que l'auteur des Métamorphofes.

Le libérateur d'Andromède, à la vue
de fes charmes, defira d'être payé de
fes bienfaits. L'amour fe gliffa bientôt
dans le cœur de la Princeffe fous le nom
de la reconnaiffance, & elle promit au
héros de le rendre heureux.

(*a*) *Hiftor. Natur.* lib. 9, cap. 6.

Malheureufement Andromède n'était plus à elle, & fon père l'avait promife en mariage à Phinée. Ce Prince, qui n'avait pas eu le courage de difputer Andromède au monftre, vint la difputer à fon rival. Il y eut un combat fanglant; & la valeur était fur le point de céder au nombre, quand Perfée, dit Ovide, fit fortir de fon réfeau la tête de Médufe. Les Généraux de Phinée, à la vue d'un tel fpectacle, reftèrent pétrifiés; alors commença le carnage; il reftait encore deux cents hommes autour de leur Roi : le vainqueur promène fous leurs yeux la tête fatale, & les voilà changés en deux cents ftatues. Phinée meurt le dernier, & fon bufte de marbre devient un des ornemens de la fête pour les nôces d'Andromède.

Cette tête de Médufe, qui a tant de part aux exploits de Perfée, détruit un peu l'admiration des fiècles pour fa valeur. Affurément nos du Guefclin & nos Bayard, bien fupérieurs au fils de Danaë, ne combattaient point les ennemis de la patrie avec des têtes enchantées; ils payaient de leur perfonne dans les batailles, & c'était fur la grandeur de leur péril, que fe mefurait notre reconnaiffance.

Non contents d'avoir fait préfent à Perfée de cette tête de Gorgone, qui changeait les bataillons en grouppes de ftatues, des Ecrivains tels que Pherecyde & Apollodore, lui ont encore donné le cafque de Pluton, efpèce de Talifman qui au befoin le rendait invincible, comme l'anneau magique des Gygès; il femble que chez les Anciens, Perfée n'ait joué le rôle d'un héros, que pour être toujours une machine.

Il réfulte de tout ce que nous avons recueilli fur Médufe & fur la perfonne du fils illégitime de Danaë, que les fiècles ne doivent ajouter quelque foi qu'au récit fimple & dénué de merveilleux de Diodore & de Paufanias.

Quant aux contes poétiques & philofophiques dont on l'a embelli, il eſt probable qu'un petit nombre porte ſur quelque fondement hiſtorique ; mais ce ferait dégrader l'Hiſtoire des Hommes, que de ſe livrer, pour s'en éclaircir, à de pénibles recherches. Voici cependant à cet égard quelques heureuſes conjectures.

Perſée fut originairement un faible navigateur, qui borna ſon induſtrie au commerce des Cyclades.

Enhardi par le ſuccès de ſa navigation & échauffé par le récit des grandes découvertes des Phéniciens, il ſe haſarda ſur un ſimple navire à rames, de côtoyer le continent de l'Afrique.

Arrivé en Libye, il projetta de s'y créer une petite ſouveraineté, & pour ſe concilier la bienveillance des peuples en détruiſant leurs tyrans, il annonça que ſa Monarchie naiſſante ne ſerait formée que de ſes conquêtes ſur les Gorgones.

Son expédition fut brillante ; il vainquit & tua Médufe , & cet exploit le rendit la terreur de toute l'Afrique ; il lui fuffit dès-lors de montrer la tête fanglante dont il s'était fait un trophée , pour imprimer l'effroi à des peuples nés efclaves, ce qui , dans la langue des Poètes, fignifie que la tête de Médufe pétrifiait les hommes.

Héfiode a dit que , du fang de cette tête mutilée , naquirent le héros Chryfaor, père de Geryon, géant célèbre dans les annales de l'Efpagne , & le cheval Pégafe ; il eft probable que Chryfaor était l'Amiral de Médufe ; qu'il devint, par la révolution , fujet de Perfée , & que bientôt , dédaignant d'obéir à un maître , il alla , fur la flotte qu'il commandait , fonder un royaume en Efpagne.

On eft affez d'accord fur le cheval Pégafe ; ce quadrupède aîlé , défigne évidemment un vaiffeau à voile. La même idée vint aux habitans infortunés du nouveau monde, quand ils virent pour la première fois les vaisseaux de l'Europe franchir les mers inconnues qui séparaient les deux continens ; ils prirent ces maisons flottantes, pour des oiseaux inconnus, qui venaient fondre sur eux. Persée, par la défaite de Méduse, devint maître de sa flotte, & apprit par-là l'usage des vaisseaux à voiles, bien plus propres que les frêles galères, qu'il avait montées jusqu'alors, pour faire de grandes découvertes.

Le héros apprit en Libye, les malheurs d'Andromède ; il y avait alors une communication intime entre les Phéniciens & cette partie de l'Afrique. L'oracle qui avait imaginé d'éloigner un monstre en lui faisant dévorer une vierge, venait de la Libye même ; c'était celui d'Ammon (*a*). Persée profita des vaisseaux à voiles dont il venait de se rendre maître, pour son expédition de Phénicie,

---

(*a*) *Injustus jusserat Ammon*, dit Ovide dans ses *Métamorphoses*.

& c'eſt ainſi que le cheval Pégaſe lui ſervit à délivrer Andromède.

La tête de Méduſe, qui, poſée après cet exploit ſur des plantes marines, les change en corail, s'expliquerait peut-être encore ; on ſait que cette ſubſtance, qui tient du règne végétal & du règne minéral, ſe trouve en abondance ſur toute cette côte de la Méditerranée ; il ſerait naturel de penſer que lors de l'expédition de Perſée en Phénicie, la terreur qu'il inſpira par la défaite du monſtre & par ſes conquêtes, lui valut la pêche excluſive du corail ; pêche lucrative qui le mit, dans la ſuite, à portée de faire en grand le commerce de l'Afrique & du Péloponèſe.

Telle eſt l'hiſtoire de Perſée. On a trouvé de nos jours en Italie un antique d'un goût exquis, qui repréſente ce héros ; il mérite d'être tranſmis à la poſtérité. On verra ſans peine qu'une telle ſtatue ne fut pas ſculptée originairement pour déſigner les vapeurs de la mer, ou la lune dans ſes phaſes.

CONSIDÉRATIONS

SUR

L'ASIE MINEURE,

A L'ÉPOQUE DE LA PREMIÈRE POPULATION DU PÉLOPONÈSE.

Nous abandonnons ici l'ordre chronologique de la fondation des Monarchies du Péloponèfe, pour fuivre l'ordre philofophique, le feul qui convienne à l'hiftoire du premier peuple de l'univers; & nous devons, à cet égard, rendre compte de la filiation de nos idées, à cette partie éclairée du public, qui juge d'autant mieux les livres, qu'elle eft en état de les refaire.

Quelque tems après la fondation du Royaume d'Argos, Athènes & Sparte fe donnèrent des Souverains ; mais ce n'eſt point ici le moment d'écrire l'hiſtoire de cés deux villes, qui ont joué un rôle ſi brillant dans les annales de l'Europe; cette hiſtoire, grace à la Chronique de Paros, a des époques fixes preſque dès ſon origine, & avant de la commencer, il faut terminer nos recherches ſur les peuples qui n'ont point de chronologie.

Revenons donc ſur nos pas & parcourons, le crayon de l'Obſervateur à la main, cette vaſte péninſule de l'Aſie mineure dont ſont ſortis la plupart des légiſlateurs du Péloponèſe.

L'hiſtoire phyſique du globe prouve, comme nous l'avons déja dit, l'antériorité de la population de l'Aſie mineure, ſur celle du reſte de la Grèce. La hauteur des terres dans cette péninſule, la largeur de l'iſthme, qui la lie au continent, ſon voiſinage de cette chaîne du Caucaſe, où nous avons trouvé le berceau du monde primitif, tout atteſte qu'elle devait avoir des hommes

civilifés dans fon fein, lorfque le Péloponèfe, mutilé par les eaux & defert,
n'exiftait encore que par les pics de fes
montagnes.

Mais il y a, chez tous les peuples
des premiers âges, trois époques qu'il
ne faut jamais confondre : celle de leur
hiftoire fabuleufe, celle de leur hiftoire
conjecturale, & celle de leur hiftoire
authentique. L'hiftoire fabuleufe d'aucune des nations de la Grèce, ne mérite un chapitre particulier dans cet ouvrage, parce que les rêveries des Poètes
ne doivent point être commentées par
les Philofophes.

L'hiftoire fabuleufe de l'Afie mineure
renfermerait l'intervalle de plufieurs fiècles ; c'eft à cette époque peut-être que
des habitans de ces hautes montagnes
de la Sophène & de l'Arménie, qui
fervent de noyau à fon ifthme, lui envoyèrent des colonies, que les Syriens,
trop refferrés dans la chaîne du Liban
& de l'Anti-Liban, vinrent peupler fon

centre , & que les Navigateurs de la Phénicie établirent des comptoirs le long de ſes côtes.

L'hiſtoire conjecturale de l'Aſie mineure a commencé , ſans doute , dans l'ordre des tems , avant celle du Péloponèſe ; mais les monumens qui pouvaient nous la tranſmettre dans ſon origine , ont été anéantis. Voilà pourquoi nos premiers regards ſont tombés ſur les annales de Sicyone & d'Argos.

Maintenant que nous touchons au moment de l'hiſtoire authentique de la Grèce , il faut terminer tout ce qui tient encore à ſon hiſtoire conjecturale , & revenir par conſéquent au peu que nous ſavons des origines de l'Aſie mineure ; ce n'eſt qu'après avoir nettoyé le ſol hiſtorique de tous ces décombres , que nous pouvons y placer la baſe de notre grand édifice.

L'Aſie mineure a été primitivement couverte d'une foule de petits peuples, qui , après s'être agités long-tems dans l'obfcurité, ont fini par avoir un moment d'éclat dans leur longue exiftence, & comme ce moment d'éclat s'eft prefque toujours trouvé voifin de leur conquête par les Romains, nous croyons devoir renvoyer leur hiftoire avec celle des dominateurs du monde.

Le Pont, la première région qu'on rencontre au nord-eft du grand continent de l'Afie, n'a brillé dans les annales de l'Orient, qu'à l'époque des conquêtes de Mithridate.

La Cappadoce, qui touche au Pont, & qui en faifait partie dans les tems primitifs, lorfqu'une colonie de Syriens vint achever d'arracher à la mer les plaines de l'Afie mineure, la Cappadoce, dis-je, malgré la fierté de fes Ariobarzane, n'a influé en rien dans la deftinée politique de la Grèce; elle n'eft guères connue que par les Romains qui l'ont fubjuguée.

La Galatie, tant qu'elle ne fut habitée que par les Grecs du Péloponèfe, ne partagea en rien ni la fplendeur, ni la décadence de fes métropoles ; & lorfque deux fiècles & demi avant notre Ere vulgaire, les Gaulois vinrent s'en emparer, ces barbares, en achevant de détruire le reffort politique de l'Etat, ne firent que préparer les voies à l'invafion des Romains.

La Paphlagonie avait une hiftoire qui remontait avant la guerre de Troye ; elle était alors occupée par les Hénètes, qui envoyèrent, plufieurs fiècles après, une de leurs colonies fonder Venife dans les lagunes de la mer Adriatique ; mais fon peuple n'eut aucune renommée tant qu'il eut fes Souverains ; depuis, il ne fit parler de lui que par la facilité avec laquelle il fubit le joug de tous les Conquérans. Les fucceffeurs de Cyrus, les Rois des Galates, les Monarques du Pont, lui donnèrent des loix tour-à-tour, & il finit par être englouti dans le monde Romain, par les vainqueurs de Mithridate.

La Bithynie n'est pas plus faite que la Paphlagonie, pour fixer en ce moment nos crayons ; envain Annibal bâtit-il sa métropole ; envain son heureuse position sur deux mers, sur la Propontide & sur le Pont-Euxin, l'appellait-elle à devenir une des puissances dominantes de la Grèce, elle resta dans son obscurité, jusqu'à ce que ses Prusias, vils adulateurs des Conquérans du monde, vinrent eux-mêmes offrir leur tête dégradée au joug de la servitude.

La Mysie est plus digne de fixer nos regards. Cyzique, une de ses plus anciennes métropoles, avait des Souverains avant la guerre de Troye ; l'un d'eux eut même l'honneur d'être tué par Jason, le héros des Argonautes.

C'est dans le sein de la Mysie que se trouve Pergame, métropole d'un Etat qui eut quelque puissance dans l'Asie mineure, & qui aurait fini peut-être par l'envahir, si Attale, le dernier de ses Rois, n'avait eu la lâcheté de léguer fon peuple & fes Etats à la ville qui fe difait la capitale du monde.

C'eft auffi dans la Myfie qu'on trouve la Troade, centre de ce fameux Royaume de Priam, qui, grace au génie d'Homère, a tant de droits à la célébrité.

Les peuples de la Carie, connus dans les tems primitifs fous le nom de Léléges, tiennent auffi d'une manière immédiate à l'hiftoire Grecque, mais feulement à l'époque de la fplendeur du Péloponèfe ; c'eft alors que nous verrons Milet, leur métropole, peupler de fes colonies les rivages de la Propontide & du Pont-Euxin, & l'héroïne Artémife foutenir avec quelque gloire le trône d'Halicarnaffe.

La Lycie, petite péninfule enclavée dans celle de l'Afie mineure, profita de fa fituation heureufe pour faire de bonne heure un commerce qui l'enrichit ; on comptait, avant fa conquête par les Romains, jufqu'à trente-fix villes confidé-

rables qui fleuriffaient à la fois dans fon
fein (*a*). Mais comme fon commerce
pacifique fe borna à s'étendre par des
voies légitimes, elle ne devint jamais
une Puiffance dominante. Sa marine même, au lieu de fervir à la défendre,
ne contribua qu'à y faire germer un luxe
deftructeur qui amena fa décadence. Auffi
nous voyons les Lyciens paffer prefque
fans réfiftance fous l'empire de Créfus,
de-là fe profterner aux pieds des Defpotes de la Perfe, adopter enfuite les
loix que leur impofe Alexandre, tirer
gloire d'obéir aux Soleucides, fe laiffer
donner aux infulaires de Rhodes, &
finir par faire partie du monde Romain.
Ces peuples n'ayant jamais eu de poids
dans la balance politique de la Grèce,
ne méritent pas un chapitre particulier
dans l'Hiftoire des Hommes.

Les trois régions qu'on rencontre du
côté de la mer en fortant de la Lycie,

______

(*a*) Strab. *Geograph.* lib. 14.

c'eſt-à-dire, la Pamphilie, la Piſidie & la Cilicie, ont encore moins de droits aux regards de l'Hiſtorien. Les peuples qui les habitaient furent de tout tems des brigands obſcurs qui déſolèrent l'intérieur de l'Aſie mineure, ou des pirates ſans nom, qui infeſtèrent la Méditerranée de leurs brigandages.

Si on réunit ſous un point de vue nos conſidérations ſur l'Aſie mineure, on voit que le plus grand nombre des nations qui habitèrent cette grande péninſule, n'exiſtent pour l'hiſtoire, qu'au moment où elles paſſent ſous la domination Romaine; quelques autres ont paru un moment ſur la ſcène Grecque, mais ſeulement pour y jouer un rôle ſubalterne. Il ne reſte donc que la grande Phrygie, l'empire de Lydie & la Monarchie de Troye, dont nous allons tour-à-tour préſenter le tableau au Lecteur philoſophe.

DES PEUPLES

ET

DES ROIS

DE LA GRANDE PHRYGIE.

LA grande Phrygie, placée au centre
de l'Afie mineure, & à égale diftance
de la Méditerranée & du Pont-Euxin,
dut, fuivant nos principes fur la théorie
du globe, être la première région de
la grande péninfule qui nous occupe,
où l'homme put fe créer une patrie après
la retraite des mers ; mais content de
cultiver la partie la plus élevée de ce
vafte plateau, il laiffa long-tems les plaines baffes couvertes d'eaux ftagnantes,
qui élevaient des vapeurs peftilentielles
& détruifaient la nature dans fes germes ; Hérodote a fait allufion à cette

inertie des antiques Phrygiens , quand il a dit que leur pays n'était encore qu'un vaste lac, quelques siècles avant que l'Atlante Acmon , père d'Ouranos, vint bâtir une ville sur les bords du Thermodon (*a*). Mais ce trait, de la manière dont le père de l'histoire le rapporte, est parfaitement isolé & semble ne tenir à rien. Pour voir tous ses rapports avec le système général des faits , il faut le lire d'après les idées philosophiques que nous avons jettées dans l'histoire du monde primitif.

Au reste, les Phrygiens n'eurent jamais de doute sur leur prodigieuse antiquité ; ils se disaient les plus anciens peuples de l'univers ; ce qui, dans la langue philosophique qui apprécie partout la vérité nationale , ne signifie que le premier peuple de l'Asie mineure ; Apulée, d'après cette tradition répandue dans tout l'Orient, appelle les Phrygiens,

---

- (*a*) *Euterpe,* vel lib. 2.

les premiers nés de la terre (*a*), & l'E-
gypte elle-même, malgré la fierté de
ses prétentions, conclut d'après une expérience abfurde d'un de fes Pharaons,
que leur pays touchait au berceau de tous
les êtres.

Ce Pharaon était Pfammitique, & nous
avons déja eu occafion, dans l'hiftoire de
l'Egypte, de parler de fon expérience.
Ce Prince, qui avait des doutes fur le
vrai peuple primitif, fit, s'il en faut
croire le crédule Hérodote, élever dans
une chaumière inacceffible au jour, deux
enfans de pâtres. Leurs nourrices furent
dit-on, des Egyptiennes à qui on avait
coupé la langue pour s'affurer de leur
difcrétion ; car les ordres les plus précis
avaient été donnés, pour qu'aucun fon de
langage humain ne parvînt aux oreilles
de ces enfans de la nature. Au bout de
deux ans, l'agent du Pharaon étant entré
dans la chaumière, les enfans lui ten-

____

(*a*) *De Afino Aureo*, lib. xi.

dirent les mains, & crièrent ensemble *Bec*, *Bec*. Pfammitique, qui croyait à une langue primitive, (comme fi la nature en indiquait d'autre que celle des fignes & des cris inarticulés), fit rechercher à quelle nation appartenait le mot *Bec*, & ce qu'il fignifiait. On apprit alors qu'il était de la langue Phrygienne, & qu'il voulait dire du pain. Dès-lors l'Egyptien, qui, jufqu'à ce moment s'était donné le titre de premier peuple du monde, fit la grace à la Phrygie, de la croire née avant le fol qui porte les pyramides.

Il y a plufieurs époques dans l'hiftoire conjecturale de la Phrygie ; tout porte à croire que dans fon premier âge, lorfque l'Afie mineure n'exiftait encore que par le plateau élevé qui eft à fon centre, & par les pics de fes montagnes, le peuple primitif put y aborder, en fuivant la direction du Taurus, qui n'eft lui-même qu'une branche du Caucafe. Dans un âge poftérieur, les ifles de l'Afie mineure s'étant réunies entr'elles & tenant par un isthme au Continent, les Syriens achevèrent de peupler le centre de cette région, devenue une péninsule ; enfin lorsque les plaines baffes de la Phrygie cefsèrent de former un vaste marais , grace aux hommes bienfaifans qui creusèrent un lit au Lycus & au Méandre , les peuples des côtes maritimes qui virent ces campagnes imprégnées de fucs générateurs , qui appellaient l'induftrie & l'agriculture , y envoyèrent de tout côté des colonies. Il en vint de la Myfie , où était une bande de terre appellée la Phrygie mineure ; le Continent même de l'Europe , put contribuer à fa population ; car des monumens non fufpeɛts font fortir quelques Légiflateurs Phrygiens de la Thrace (*a*) , ou de la Macédoine (*b*).

____

(*a*) Strab. *Geograph*. lib. 7, 10 & 12. Voyez auffi les récits de Conon dans la Biblioth. de Photius.

(*b*) *Juftin*. lib. 12, cap. 7.

La grande Phrygie avait d'autant plus befoin d'être réparée par les émigrations fucceffives dés peuples de l'Afie & de l'Europe, qu'elle fubit en divers tems plufieurs révolutions phyfiques qui tendaient à anéantir la nation indigène. Le pays, malgré les travaux des créateurs du Lycus & du Méandre, était fujet à ces inondations terribles que l'antiquité appelle des déluges. Les tremblemens de terre y étaient auffi très-fréquens. Il y en eut un fous Tibère, qui bouleverfa tellement toute la furface d'une des plus grandes Provinces Phrygiennes, qu'elle en prit le nom de Katakecaumène, ou de pays brûlé. C'eft la Province dont la métropole était cette fameufe Apamée, qui ne le cédait en luxe, je ne dis pas en puiffance, qu'à la ville d'Ephèfe.

Malgré toutes ces révolutions, la grande Phrygie conferva, du moins par fa langue, quelques traces de fon peuple indigène. En effet, cette langue a

des caractères qui la diſtinguent de toutes celles qui nous ſont connues ; Strabon ne pouvait , qu'avec une peine in-
finie , faire dériver du Grec les noms
des villes Phrygiennes (*a*). Le peu de
mots Phrygiens qu'ont raſſemblés les
Bochart & les Rudbeck (*b*) , ſemblent
tenir à un monde qui n'eſt plus le nôtre.
Il eſt encore plus impoſſible d'en tirer
une Grammaire, que des mots Cartha-
ginois , que renferme la fameuſe ſcène
du *Pœnulus* de Plaute.

Les Phrygiens commencèrent, comme
tous les peuples neufs , par ce mêlange
de vertus & de ruſticité que les peuples
dégradés appellent de la barbarie. Quand,
dans des tems poſtérieurs , le luxe eut
achevé de détruire le reſſort national ,
ils devinrent les plus efféminés des Aſia-
tiques. A cette époque , tout prit chez

(*a*) *Geograph.* lib. xii.

(*b*) Bochart. *num Æneas unquam fuerit in Italiâ :* Rudbeck *in Atlant.* tom. 1 , cap. 36.

eux la teinte de leur caractère énervé.
Leur Gouvernement fut sans vigueur,
leurs mœurs viles, leur esprit pusillanime. On vit jusqu'à leur musique par-
ticiper à cet état de dégradation ; ils inventèrent le mode Phrygien, qui ne
paraît fait que pour exprimer les molles
inflexions de la volupté, lorsque les chants
qu'elle produit, passent par l'organe dé-
généré d'un Eunuque.

La religion des Phrygiens, originairement le pur Théïsme, s'altéra peu-à-
peu par le mélange des superstitions étrangères qu'on y apporta de l'Asie & de
l'Europe. Il n'y a de particulier dans cet
amas confus de dogmes absurdes & de
cérémonies minutieuses, que le culte de
Cybèle, qui tient peut-être à l'origine
de sa Monarchie.

Les Prêtres qui, chez presque tous
les peuples de l'antiquité, ont écrit l'histoire primitive & l'ont falsifiée, lièrent
en Phrygie les annales de ses Rois avec
celle de ses dieux. Eusèbe, qui avait

confulté cette Théogonie Phrygienne, nous en a tranfmis quelques détails qui ne font point indignes de trouver place dans une Hiftoire des Hommes (*a*).

Mœon , dit l'interprète des Prêtres Phrygiens, fut le premier Souverain de fa nation ; Cybèle , fa fille , dans l'âge où le cœur parle fans écouter les convenances fociales, accorda fes faveurs à un jeune homme nommé Atys, qui n'avait que la beauté en partage. Sa groffeffe ne tarda pas à trahir le myftère de fes amours. Mœon furieux, fit périr Atys de fa main, & Cybèle, qui ne pouvait plus voir fon père & fes concitoyens fans rougir, prit le parti de fe fauver dans les bois avec Marfyas , le même qu'Apollon fit écorcher tout vif, pour avoir eu l'audace de vouloir tirer de fa lyre des fons plus harmonieux que lui. Le tems, l'ennui de la folitude, la voix impérieufe des fens,

---

(*a*) Eufeb. *de Prepar. Evangel.* cap. **iv.** *de Phrygum Theologiâ.*

tout contribua à adoucir le désespoir de l'amante d'Atis ; elle ne craignit pas même de s'unir au bourreau de Marsyas ; celui-ci, par reconnaissance, emmena la fille de Mœon dans les régions Hyperboréennes, & lui décerna les honneurs de l'apothéose.

Arnobe, qui avait consulté une autre tradition sacerdotale que celle d'Eusèbe, raconte tout différemment l'histoire de Cybèle & l'origine de son culte (a). Il y avait, dit-il, sur les frontières de la Phrygie, un grand rocher dont les éclats servirent à Deucalion, pour réparer les pertes du genre humain, causées par le déluge ; Jupiter féconda deux fragmens de ce rocher ; de l'un, naquit Cybèle, & de l'autre, Acdeste l'hermaphrodite ; ce dernier se rendit le fléau de son pays par ses violences, ce qui obligea Bachus, fameux paladin de ces tems-là, à le priver du sexe qui lui donnait ses forces

____

(a) *Contra Gentes*, lib. 8.

phyfiques & fon orgueil ; l'opération qui fit naître ainfi une fœur à Cybèle, fut accompagnée d'un double prodige. Le fang qui découlait de la bleffure, produifit un grenadier chargé des fruits les plus beaux ; & la fille du Roi Sangare, ayant eu l'imprudence d'en mettre un dans fon fein, devint enceinte à l'inftant ; le Roi de Phrygie, à la vue de l'opprobre dont fa fille le couvrait, fit éclater fon reffentiment ; envain l'infortunée attefta-t-elle le ciel de fon innocence, Sangare, trop éclairé pour croire que la virginité fe perdît avec une grenade, condamna fa fille à mourir de faim. Cybèle vint alors au fecours de la victime, lui apporta des fruits, & l'enfant vint à terme. Atys, (c'eft le nom de cet enfant) devint avec l'âge, le plus beau des hommes, & ni Cybèle ni Acdefte, n'y furent indifférentes ; cependant Atys, dont le cœur ne pouvait parler qu'en faveur de la jeuneffe & des graces, demanda la main d'une fille de Midas, Roi de Phrygie, qui réfidait à

Peſſinonte , & l'obtint. Le jour des nô-ces , Cybèle jalouſe , ſe préſenta pour entrer dans la ville & la trouva fermée. Dans ſon indignation , elle enleve les murs , les portes & les tours , s'en fait une couronne , & monte ainſi au palais de Midas. D'un autre côté , Acdeſte , non moins outrée , paraît dans la ſalle du feſtin , & répand l'eſprit de vertige & de terreur parmi les convives. Atys , qui voit que ſa beauté eſt la cauſe de ſes malheurs , prend un cimeterre , ſe rend eunuque , & meurt ſur le champ de ſa bleſſure ; la fille de Midas à ce ſpectacle terrible , jure de ne point ſur-vivre à ſon époux , ſe perce ſur ſon ca-davre , & expire en le tenant embraſſé. On ne ſait point ce que devint le pa-lais même où Cibèle était entrée avec les remparts de Peſſinonte & ſes tours.

On ne s'attend point , ſans doute , à trouver ici une explication de ce frivole amas d'extravagances , avec leſquelles les Prêtres de la Phrygie cherchaient à juſ-

tifier leur pouvoir immenfe & leur fanatifme. Il ne faut rien expliquer de ce
qui a été imaginé exprès pour offenfer
la raifon, à moins qu'on n'ait des fyftêmes particuliers à faire valoir, comme
les Savants qui, avec la clef des allégories, ouvrent toutes les portes de l'aftronomie & de l'hiftoire.

Quelles que foient les aventures de Cybèle, elle fut honorée d'un culte particulier dans la Phrygie, & c'eft de
Peffinonte, une de fes métropoles, que
ce culte fut propagé dans une partie de
l'Europe. Les Prêtres de cette divinité,
qu'on a appellés tantôt Curètes, tantôt
Corybantes, étaient des Saltinbanques
fanatiques, qui gouvernaient la multitude
avec l'image du fang & de vains preftiges, comme les Bonzes de notre Ja-
pon. A certaines époques, ils portaient
en cérémonie la ftatue de Cybèle & fe
faifaient alors publiquement des inci-
fions avec des lancettes, mais dont jamais perfonne ne mourait. Le peuple,

comme c'eſt l'uſage, admirait toutes ces impoſtures religieuſes, & il jugeait de l'excellence de ſon culte par la quantité de ſang humain qu'il faiſait répandre.

Ces Prêtres de Cybèle ſe faiſaient auſſi Eunuques, du moins ils réuſſiſſaient à le faire croire, pour couvrir d'un voile ſacré leurs amours adultères.

Peſſinonte, le chef-lieu du culte de Cybèle, paſſa, dans la ſuite, au pouvoir des Rois Galates, & c'eſt à cette époque, que la religion Phrygienne étendit ſes branches en Italie, & de-là dans cette partie du globe dont Rome ſe fit la capitale.

Dès le tems des premières guerres Puniques, on croyait dans toute l'Aſie mineure, que la Cybèle de Peſſinonte était deſcendue du ciel & ſervait de ſauve-garde à ſes habitans ; comme les impoſteurs ſacrés de toutes les parties du monde, ſont preſque toujours en correſpondance, une Sibylle de Rome apprit ce prodige d'un Prêtre de Cybèle,

& dans une de fes extafes prophétiques, elle s'avifa un jour d'annoncer que le peuple qui s'emparerait de cette ftatue célefte, deviendrait le maître de Carthage. Il n'en fallait pas tant pour échauffer des efprits crédules. Des Sénateurs partirent à l'inftant, enlevèrent la ftatue de Peffinonte, & perfuadèrent aux Romains qu'ils avaient entre leurs mains le gage de la perte d'Annibal. Ce ne fut cependant que long-tems après, que l'épée de Scipion vint juftifier l'oracle de la Sibylle.

Quand les efprits s'éclairèrent dans Rome, on épura le culte de la Cybèle de Phrygie, & on punit le fanatifme de fes Miniftres par l'oprobre & par le mépris. Le compilateur Valère-Maxime, cite à ce fujet une anecdote qui mérite d'être rapportée (*a*). Un Eunuque facré, au fervice de Cybèle, venait d'obtenir une fentence du Préteur de Rome, qui

______
(*a*) Lib. VII, cap. 7, parag. 6.

le mettait en possession d'un héritage. On appella de cette sentence. Mamercus, alors Consul, lisant l'indignation publique dans tous les regards, cassa l'édit du Préteur, défendit au Prêtre de faire entendre désormais sa voix efféminée dans les Tribunaux, & prononça qu'un être qui n'était ni homme ni femme ne devait point jouir des priviléges des citoyens. Ce jugement, fait entendre Valère-Maxime, fut digne du chef de la plus sage des Républiques.

Tous les contes des Prêtres de Cybèle sur la Théogonie des Phrygiens, ne nous ont point encore éclairé sur leurs premiers Monarques; cherchons loin de l'autel, l'histoire du trône, & rendons-lui par-là, son authenticité.

ANAK est le premier Roi dont on rencontre le nom dans les annales de la grande Phrygie; il était même si ancien, que son nom à cet égard, avait passé en proverbe; on disait dans l'Orient, pour exprimer un fait de la haute antiquité : *il est de l'âge d'Anak*. Cependant aucun Ecrivain n'a fixé avec précifion le tems où il a régné. Suidas, qui a recueilli quelques détails fur fa vie, fe contente de dire qu'il était antérieur au déluge de Deucalion (*a*). Après avoir poufſé fa carrière, dit-on, jufqu'à trois fiècles, il confulta les oracles pour favoir fi fa fin était proche ; le ciel répondit qu'à fa mort tout devait périr. L'idée d'un défaſtre univerfel, dès ce moment, lui fut toujours préfente ; le chagrin empoifonna fa vieilleffe ; il mourut, & le genre humain fut anéanti par un déluge.

Ce monde anéanti fut bientôt réparé ; car l'hiftoire ne met aucun intervalle entre le règne d'Anak & celui de fon fucceffeur ; les hommes, les Rois & les dieux, naquirent enfemble, fans doute, des pierres génératrices de Deucalion.

(*a*) Suidas, verbo *Anak.*

MIDAS I. occupa le trône de la Phrygie après Anak. Il trouva fort à propos une ville de Peſſinonte, que le déluge univerſel des Poètes, n'avait point endommagé, & il y établit le culte de Cybèle.

Si l'on bâtit une chronologie ſur de ſimples autorités, il faut placer l'avènement de Midas, l'année qui ſuivit le déluge de Deucalion; mais s'il eſt permis à la raiſon de faire entendre ſa voix, on peut rapprocher de nous cette époque de cent ſoixante & dix ans, ce qui nous conduit à l'an 223 de l'Ere de Paros, qui répond à l'an 871 de l'Ere de Calliſthène.

MANÈS, ſucceſſeur de Midas, fut le plus vertueux des hommes (a), quoique ſon pouvoir abſolu ſemblât le diſpenſer de l'être; il fit avec énergie, mais ſans éclat, le bien de ſes peuples, & ſi ſes inſtitutions utiles furent oubliées, du

______

(a) Plutarch. *de Iſide & Oſiride.*

moins, grace à leur reconnaiſſance, ſon nom ne le fut pas.

Gordius I. mit une nouvelle dynaſ-tie ſur le trône de la Phrygie. Ce Prince, né dans la claſſe obſcure des Laboureurs, vit un jour, dit-on, une aigle planer doucement ſur ſa tête, & venir ſe re-poſer ſur le jong de ſa charrue. Etonné de ce prodige, il va en Lydie conſul-ter un oracle; une vierge jeune & belle, ſe préſente à ſa rencontre, lui promet un trône & lui offre ſa main pour gage de ſa prédiction. Pendant que l'heureux Laboureur conduiſait ſa fée dans ſa chau-mière, les Phrygiens, en proie aux hor-reurs d'une guerre civile, avaient été demander un Roi aux Miniſtres de leurs dieux, & ils avaient reçu pour réponſe, que le ciel deſtinait pour les gouverner le premier citoyen qu'ils verraient arri-ver ſur un char au temple de Jupiter. On s'attend au dénouement de cette comédie ſacrée. Les Prêtres prévenus par la Vierge, firent paraître ſur un char le fortuné Gordius , & à l'inftant il fut proclamé Roi de Phrygie (*a*).

Ce Gordius confacra , par reconnaif-fance , fa charrue dans le temple de Jupiter, & il attacha au timon un nœud fait avec tant d'art, que les Sibylles pro-mirent la Monarchie de la terre au héros qui pourrait le dénouer. Voilà ce nœud Gordien, fi célèbre dans l'antiquité. Nous verrons, dans la fuite, Alexandre le couper de fon épée, & croire ainfi qu'éluder l'oracle, c'était l'accomplir.

M i d a s II. C'eft le plus célèbre des Rois de la grande Phrygie ; quelques Ecrivains l'ont cru fils de Gordius; mais le récit de l'ancien Hiftorien Conon, tend à faire penfer que c'était un héros de la Thrace , qui vint établir une co-lonie & une nouvelle maifon royale dans la Phrygie. Voici le fragment précieux de Conon, que Photius nous a confervé (*b*).

____

(*a*) Strab. *Geograph.* lib. 1 2. Juftin. lib. xi.
(*b*) Phot. Myriobiblon. *narrat.* Conon. cap. 1.

» J'ai lu , dit le favant Patriarche de
» Conftantinople , les hiftoires de Co-
» non. Cet Ecrivain parle dans la pre-
» mière de Midas & des Brigiens , peu-
» ple nombreux qui habitait aux envi-
» rons du mont Bermius. Il raconte com-
» ment Midas, ayant découvert un grand
» tréfor , fe vit tout-à-coup le plus opu-
» lent de fes concitoyens ; comment ,
» après cet évènement , il alla prendre
» des leçons d'Orphée , & par quels ar-
» tifices il fe fit décerner la couronne
» dans fon pays. On vit , fous fon rè-
» gne , un de ces amphybies qu'on nom-
» me Silène (c'eft probablement le finge
» de la grande efpèce , que nous nom-
» mons Orang-Outang) ; ceux qui l'a-
» vaient découvert , l'amenèrent à ce
» Prince ; on réuffit tellement à l'appri-
» voifer , que dépouillant fa nature fau-
» vage , il parut prefque devoir être rangé
» dans la claffe des hommes.

» Tous les alimens qu'on fervait à
» Midas , fe changeaient en or. Ce Roi ,

» dans une fi grande perplexité , per-
» fuada à fes fujets de quitter leur pa-
» trie, de traverfer l'Hellefpont, & d'al-
» ler s'établir non loin de la Myfie. Le
» projet s'exécuta , & arrivée au centre
» de l'Afie mineure, la nouvelle colonie
» altéra un peu fon nom , & fe fit ap-
» peller Phrygiens, au lieu de Brigiens.

» Midas introduifit l'efpionage dans
» fes nouveaux Etats ; il avait toujours
» à fes ordres un grand nombre d'hom-
» mes vils qui l'inftruifaient de tout ce
» qui fe paffait dans le fein des familles.
» Ses fujets ne difaient rien , ne faifaient
» rien , que le bruit n'en vînt jufqu'au
» trône. Par ce moyen , Midas éventa
» tous les complots contre fa perfonne
» & régna long-tems. Dans fa vieilleffe,
» l'idée enracinée en Phrygie, qu'il avait
» entendu par lui - même les difcours
» les plus fecrets de fes peuples, fit dire
» qu'il avait les oreilles plus longues que
» le refte des hommes ; & la renom-
» mée qui exagère tout, changea enfuite

» ces longues oreilles royales, dans les
» oreilles du plus ignoble de nos qua-
» drupèdes «.

Ce fragment eſt d'autant plus précieux, qu'il ſe concilie, quant au fait
le plus eſſentiel, avec Strabon. Ce judicieux Géographe aſſure qu'en effet les
Brigiens, peuples de la Thrace, portèrent dans la partie de l'Aſie mineure
qui, de leur nom, a été appellée Phrygie, leurs loix, leurs dieux, & même
leur muſique (*a*).

Le tréſor que Midas découvre aux
environs du mont Bermius, n'eſt pas de
nature à laiſſer des doutes à une raiſon
éclairée ; on voit qu'il s'agit de l'exploitation des mines de la Thrace, qui rendit
ce Prince en un inſtant le plus opulent
des hommes. Un trait que cite l'antiquité
de ſa femme Hermodica, vient à l'appui
de cette heureuſe conjecture ; on dit
qu'embarraſſée de la quantité d'or &

(*a*) *Geograph.* lib. 7, 10 & 12.

d'argent qu'elle voyait accumuler en lin-
gots dans son palais, elle devina l'art
d'en faire de la monnaie, & qu'elle ins-
truisit les habitans de Cyme de son se-
cret (*a*).

Mais l'exploitation des mines n'est pas
par elle-même une source effective d'o-
pulence, comme l'agriculture; l'or même
en monnaie, s'avilit par l'excessive abondance ; les Conquérants du Potose en
ont fait, il y a quelques siècles, une
expérience cruelle. Cette considération
philosophique explique toute l'histoire de
Midas. Le Roi des Brigiens avait cessé
de cultiver la terre, pour exploiter ses
mines ; il se vit tout à-coup pauvre au
milieu des trésors qu'il entassait autour
de lui ; il lui fallait des alimens pour
prolonger sa vie, & l'or seul brillait sur
sa table. Son peuple, à son exemple,
avait mieux aimé être riche, que de
songer à vivre ; mais la voix impérieuse

____

(*a*) Héraclides *in Politiis.*

du befoin, les avertit bientôt du néant
de leurs fpéculations ; la famine exerça
fes ravages dans la Thrace, & Midas,
avec tous fes fujets, pour fe dérober à
ce fléau, fut contraint de s'expatrier.

Ce paffage du fecond Midas, de la
Thrace dans l'Afie mineure, eft un grand
évènement dont la chronologie defire-
rait de fixer l'époque ; mais cette date
précife eft une des énigmes les plus dif-
ficiles à réfoudre qui nous reftent de
l'antiquité. Strabon veut que les Brigiens
n'ayent quitté la Thrace qu'après la prife
de Troye (*a*), & un texte de Diogène
Laërce, qui fait leur Roi poftérieur à
Homère (*b*), ajoute une nouvelle force
à cette opinion. Mais comment ne la
pas rejetter, quand on fait par Homère (*c*), qu'Otrée, le fecond fucceffeur
de Midas, fut contemporain de cet An-

(*a*) *Geograph.* loc. citat.
(*b*) *In vitâ Cleobuli.*
(*c*) *In Hymnis.*

chife, qu'Enée, le héros de la tendreſſe filiale, porta ſur ſes épaules dans l'incendie de Troye? L'idée qui rapproche ainſi de nous l'émigration de la colonie Thrace, renverſe évidemment tout l'ordre des dynaſties Phrygiennes, & on ne peut l'excuſer que par ce nom de Midas donné à cinq Rois de la Phrygie, qui a pu introduire de la confuſion dans les faits qui ſervent d'époque à leurs règnes.

Il me ſemble, quand on veut mettre un ordre philoſophique dans la férie des dates, que la colonie du ſecond Midas vint s'incorporer au peuple indigène de la grande Phrygie, quatre-vingt-dix ans avant la priſe de Troye, c'eſt-à-dire l'an 283 de l'Ere de Paros, qui répond à l'an 731 de celle de Calliſthène.

Le Légiſlateur de la Thrace & de la Phrygie, réſidait à Ancyre, dont il était le fondateur; le nom qu'il lui donna venait d'une ancre de navire trouvée en jettant les fondemens de ſes remparts, & qui annonçait l'antique ſéjour de la mer fur cette contrée. Cette ancre fut déposée au temple de Jupiter, & s'y voyait encore au siècle de Pausanias (*a*).

Cléobule, un des sept Sages de la Grèce, fit l'épitaphe de Midas ; elle n'annonce ni le caractère du héros, ni le génie du Poète, & il faut la laisser dans l'oubli (*b*).

GORDIUS II. Midas avait laissé quatre fils, Lityerse, un bâtard, & trois enfans légitimes. Gordius, l'aîné de tous, succéda à son trône & non à sa gloire ; on ne sait rien de lui, sinon qu'il entoura d'un rempart la ville de Gordium.

Au défaut de cette statue couronnée, la renommée s'est plu à rendre célèbre le nom de deux de ses frères. Anchar, l'un d'eux, fut, dit-on, le Curtius de la Phrygie ; voici comment une tradition orientale rend ce conte, dont nous fai-

____

(*a*) *In Attic.* lib. 1, cap. 4.

(*b*) On la trouve dans Diogène Laërce *in vitá Cleobuli.*

fons honneur à Rome, grace à la magie du ftyle de Tite-Live.

Il s'était ouvert un abîme dans la ville de Célène, & l'oracle confulté avait répondu qu'il ne pouvait fe refermer, qu'en engloutiffant tout ce que la Phrygie avait de plus précieux ; on s'empreffa d'abord à y jetter de l'or, des monumens de luxe & des pierreries, mais le gouffre n'en devint que plus énorme ; les édifices publics manquant par leur bafe, s'écroulaient, & la terre avide femblait dévorer leurs décombres. La ville était menacée d'une ruine totale, lorfque tout-à-coup Anchar fe dévoue pour le falut public ; il va dire un adieu éternel à tout ce qu'il a de plus cher, monte à cheval, & s'élance dans l'abîme, qui fe referme à l'inftant (*a*). Il eft trifte qu'un pareil trait foit phyfiquement impoffible ; car il eft beau de voir du patriotifme dans un Etat foumis à un Defpote.

(*a*) Plutarq. *in Parallel.*

Lityerfe, le bâtard de Midas, parvint par une route bien différente à la célébrité. C'était, dit-on, le plus féroce des hommes ; quoique Souverain de Célène, qui lui avait été donnée en appanage, il defcendait quelquefois aux travaux les plus vils de l'agriculture. Lorfque fon ouvrage n'avançait pas au gré de fes defirs, il forçait les paffants de le partager ; enfuite, par reconnaiffance, il leur coupait la tête , & liait leurs corps dans les gerbes. Hercule, l'ennemi né de tous les monftres , vint venger les citoyens de Célène ; il tua Lityerfe & jetta fon cadavre dans le Méandre (*a*).

Otrée, frère de Gordius II, le remplaça fur le trône de Phrygie. Homère, qui nous a tranfmis fon nom, fe contente de dire qu'il fut contemporain d'Anchife. On croit que c'eft fous fon règne que Lityerfe , le tyran de Célène , fut tué par Hercule.

____

(*a*) Athen. *Deipnofoph.* lib. x.

Midas III réunit à son trône Célène, qui en avait été démembrée, & régna ainsi sur toute la Phrygie. Ce Prince n'était point de la race royale ; il ne dut sa couronne qu'à son poignard , comme il arrive très-souvent dans les Etats soumis au pouvoir absolu. Un jour de l'interrègne, ce factieux, qui avait à ses ordres une cohorte d'affassins , sortit à leur tête, sous prétexte d'aller offrir un grand sacrifice ; chacun des conjurés avait à la main un instrument de musique, & recelait sous sa robe un poignard. Le peuple qui , dans toutes les grandes villes, aime les spectacles , s'attroupe autour des Musiciens, & les suit dans la place publique. Là, le chef des factieux donne un signal ; aussi-tôt les instrumens se taisent, les poignards sortent de leurs fourreaux ; on égorge tous les citoyens suspects de patriotisme , & sur leurs cadavres encore sanglants , on proclame Midas, Roi de Phrygie. Voilà ce que le vil &

lâche

lâche Polyen appelle un ftratagème (*a*).

Il eft probable que Midas jouit long-tems, grace à la terreur qu'il infpirait, du trône qu'il avait ufurpé ; car on ne voit pas que Gordius, fon fils, ait jamais régné (*b*) ; c'eft fon petit-fils qui lui fuccéda. Au refte, toute cette filiation des Rois de Phrygie , fondée fur des textes incohérents d'Hiftoriens qui fouvent fe contredifent, n'a que très-peu d'authenticité.

MIDAS IV entretint de grandes liaifons avec les Grecs du Péloponèfe & de l'Archipel. C'eft lui qui fit préfent à l'Apollon de Delphes du Tribunal d'où émanaient fes oracles. Hérodote, qui l'avait vu , en parle comme d'un monument précieux par le travail ; & il faut le croire, car il y avait de fon tems, dans les temples d'Athènes , affez de chef-d'œuvres en ce genre , pour qu'ils puffent lui fervir d'objets de comparaifon.

(*a*) *Polyen.* lib. VII.
(*b*) *Herod.* lib. I.

MIDAS V fut le dernier Roi de la grande Phrygie. Mais on ne fait point s'il fut le fucceffeur immédiat du Prince dont nous venons de parler ; il eft au contraire très-probable qu'il y a ici un grand vuide dans la fucceffion des dynafties. Quoi qu'il en foit , Midas V régna dans ces tems orageux où les Cimbres , chaffés d'Europe par les Scythes , refluèrent fur l'Afie mineure, s'emparèrent de quelques-unes de fes contrées les plus opulentes , & y exercèrent leur longue tyrannie. Le Monarque Phrygien, incapable de leur réfifter , n'eut que le courage des efclaves , & fe donna la mort. Ce ne fut pas cependant en buvant du fang de taureau , comme le font entendre Strabon (*a*) & Plutarque (*b*); car le fang du taureau, ainfi que le fang humain, ne tue perfonne, & tous ces contes de la vieille phyfique ne devraient

---

(*a*) *Geograph.* lib. 1.
(*b*) *In vita Flaminii.*

ſe trouver que dans les romans hiſtoriques d'Hérodote.

Midas V avait deux fils. Adraſte, l'aîné, eut le malheur de tuer ſon frère, & quoiqu'il n'eût été que l'inſtrument aveugle de ce meurtre, ſon père le bannit de ſes Etats. Le Prince fugitif demanda un aſyle à Créſus, Roi de Lydie, qui l'accueillit avec bonté & le chargea de l'éducation d'Atys, celui de ſes fils qui avait le plus de part à ſa tendreſſe ; mais l'infortuné Adraſte ſemblait condamné, par ſa deſtinée, aux crimes involontaires. Un jour qu'il accompagnait ſon élève à la chaſſe, il lui lança un trait dirigé contre une bête féroce & il le tua. Cette ſcène tragique affecta de la manière la plus vive ſa ſenſibilité ; envain Créſus eut-il la généroſité de lui pardonner : il ne ſe pardonna point lui-même, & de retour à Sardes, il termina ſes jours par le ſuicide (*a*).

____

(*a*) *Herod.* lib. 1.

Dans la perfonne d'Adrafte s'éteignit la maifon royale de Midas. A fa mort, la Phrygie devint une Province de la Lydie, mais pour très-peu de tems. Créfus, qui réuniffait les deux couronnes, fut bientôt après vaincu par Cyrus, & les deux Monarchies pafsèrent à l'empire des Perfes.

On peut placer la mort d'Adrafte, trois ans avant la fameufe bataille de Thymbrée, qui fit paffer aux Perfes les Etats de Créfus. Alors l'extinction du Royaume de la grande Phrygie tomberait à l'an 1030 de l'Ere de Paros, qui répond à l'an 1678 de celle de Callifthène.

DE LA

MONARCHIE TROYENNE

ET HISTOIRE

DE SES SOUVERAINS,

JUSQU'A LA GUERRE DE TROYE.

LE plus puissant Empire de l'Asie mineure fut sûrement celui de Troye ; mais si Homère n'avait pas fait un poëme épique sur la colère d'Achille, il est probable que la postérité l'aurait confondu avec cette foule d'Etats à demi civilisés, qui ont brillé un moment, pour ne laisser ensuite aucune trace dans la mémoire des hommes ; cette considération doit nous engager à respecter le génie qui tient entre ses mains la destinée des peuples & des Rois, & qui indique aux fiècles quels font les héros dont ils doivent faire l'apothéofe, ou les grands fcélérats qu'ils doivent condamner à la plus odieufe des célébrités.

La partie de la Myfie où fe trouvait le Royaume de Troye, était défignée chez les anciens, fous le nom de Phrygie mineure, pour la diftinguer de la Monarchie des Gordius & des Midas. Le nom de Troade prévalut enfuite, à caufe de la capitale des Etats de Priam, qu'on regarda long-tems comme la feconde Babylone de l'Afie (*a*).

L'origine des Troyens fe perd dans la nuit des fiècles; fi on pouvait ajouter quelque foi aux preuves conjecturales de l'étymologie, il faudrait croire, avec Fourmont, que les noms des Rois de Troye étant pour la plupart Phéniciens,

---

(*a*) Voyez pour la géographie de cet Empire, ce que nous en avons dit ci-devant, pag. 96, &c.

(*b*) *Hiftoire critique des anciens Peuples*, tom. 2, pag. 224.

le peuple reconnaiſſait Tyr, ou Sidon, pour ſa métropole ; ſi l'on trouvait plus d'authenticité dans les fragmens de Cté-ſias, qui faiſait de la Troade une partie de l'empire Aſſyrien, il faudrait chercher cette métropole dans Ninive ou dans Babylone ; d'un autre côté, les Leuco-Syriens & les habitans primitifs de la grande Phrygie, ont ſûrement réparé, par leurs émigrations, les pertes de la population Troyenne ; il y en a qui ſuppoſent les Troyens originaires de l'Attique ; d'autres, de l'iſle de Crète ; d'autres, de la Samothrace. Quel que ſoit le ſentiment où l'on s'arrête, il eſt certain que le mêlange de cette foule de colonies qui ont ſucceſſivement peuplé la Troade, nous empêchera toujours de diſtinguer le peuple indigène des peuples réparateurs, & ce n'eſt pas une grande perte pour l'hiſtoire de l'eſprit humain.

Du moment où les Troyens paraiſſent avec quelque éclat ſur la ſcène de l'Aſie, on voit le deſpotiſme ſur leur trône &

la superstition à l'ombre de leurs autels.

Le despotisme des Rois de Troye était héréditaire ; car depuis Dardanus, jusqu'à Priam, on voit constamment le sceptre dans la même dynastie ; peut-être que les mœurs douces de la nation affaiblissaient ce qu'il pouvait y avoir de révoltant dans ce despotisme ; en effet, on ne trouve pas que le trône ait jamais écrasé la nation, ni que la nation ait jamais ensanglanté les marches du trône.

La religion Troyenne était un mêlange de toutes les superstitions des diverses colonies qui s'étaient fixées tour-à-tour dans la Troade. Le culte des fanatiques de la grande Phrygie y avait sur-tout fait de grands progrès ; on trouvait des temples de Cybèle sur les monts Dindyme , Bérécinthe & Ida , & ces temples étaient desservis par des Prêtres Eunuques, dont la partie la moins éclairée de la nation , faisait des demi-dieux, tandis que l'autre les mettait à peine au rang des hommes.

Vénus était une des divinités tutélaires des Troyens, & dans un climat brûlant où tout parlait aux fens, il eût été bien étrange que la volupté que les hommes femblaient refpirer avec l'air, n'eût pas un culte & des autels.

L'Apollon Smynthien, ou l'Apollon des Souris, car *Smynth*, en Phrygien, figni-fie Souris, était adoré dans la Troade, parce qu'au rapport de fes Prêtres, des fouris, au milieu d'une bataille fanglante, avaient rongé les cordes des arcs de fes ennemis, & lui avaient procuré par-là, la plus facile des victoires. Cette fable facerdotale fut confacrée, dans la fuite, par une fuperbe ftatue de Scopas, un des premiers Artiftes du beau fiècle d'A-lexandre.

Pallas paffait pour la divinité par excel-lence de la Monarchie de Troye. On peut en juger par la célébrité du Palla-dium. Cette ftatue était de bois, ce qui annonce fa prodigieufe antiquité; l'Ar-tifte, par le moyen d'un fil de communication entre la tête & la main de la déeſſe, avait fait enſorte qu'elle ne pouvait agiter ſa lance ſans jetter en même-tems ſur le ſpectateur, des regards foudroyants. Ce preſtige de méchanique, dans des ſiècles très-peu phyſiciens, était fait pour réuſſir ; auſſi les Miniſtres de Pallas avaient profité de la crédulité de la multitude, pour multiplier les merveilles autour de ſa ſtatue ; on diſait qu'au moment où on allait faire la dédicace du temple, le Palladium était tombé du ciel par la voûte entr'ouverte, & s'était venu placer ſur l'autel. Les dieux, ajoutait-on, avaient promis que tant que Troye poſſéderait dans ſes murs ce tréſor, nul ennemi ne pourrait en faire la conquête. Cette tradition, toute abſurde qu'elle nous paraît, grace à la politique réunie des Rois & des Prêtres, s'était répandue dans toute l'Aſie, & lorſque les Grecs voulurent s'emparer de Troye, ils ſe crurent obligés de faire enlever d'abord le Palladium par Ulyſſe & par

Diomède. Cette prétendue sauve-garde
des Monarchies fut, dit-on, transférée
de Troye en Italie, par le pieux Enée.
Nous verrons Rome s'enorgueillir de la
posséder dans son temple de Vesta, &
les décrets du Sénat, servir, sur cette
croyance populaire, d'autorité aux oracles
des Sibylles.

Les Troyens eurent des Rois vers le
tems de la première population de l'Asie
mineure; on nous a conservé, par exemple, un fragment de la Troade de Néron, où il est parlé d'un Cynthius (ou
plutôt Cynth), qui régnait sur cette
nation long-tems avant la dynastie de
Dardanus; mais que nous importe le nom
stérile de Rois obscurs, qui n'ont gou-
verné que des barbares.

Lorsque Dardanus vint fonder sa dynastie, il trouva aussi le trône occupé
par un Teucer, que les habitans du pays
disaient fils de la petite rivière Scamandre & du mont Ida, mais que les étrangers, moins intéressés à adopter cette

abſurde généalogie, croyaient iſſu d'un inſulaire de Crète, nommé Scamandre, dont le nom fut donné, par reconnaiſfance, à la petite rivière de Troye. Béroſe était de cette dernière opinion, qui fut embraſſée par le brillant Auteur de l'Enéïde (*a*).

Le Crétois Teucer avait, à ce qu'on prétend, quitté ſon iſle, pour ſe dérober, lui & ſa colonie, aux horreurs d'une longue famine. Arrivé dans la Troade, il lui donna ſon nom, des loix & le culte de Cybèle.

Dᴀʀᴅᴀɴᴜꜱ, plus fier & plus puiſſant que Teucer, devait naturellement avoir des Ancêtres plus relevés qu'un fleuve & une montagne; auſſi réuſſit-il à faire regarder Jupiter, comme la tige de ſa race (*b*). Pour ſon père, c'était un petit

____

(*a*) Lib. 3, vers 104.

(*b*) *Diod. Sicul.* lib. 4, cap. 30. Ce chapitre renferme un précis de toute l'hiſtoire de la maiſon de Dardanus.

Roi d'une petite iſle Samothrace , nommé Coryth , qui ne devait rien avoir de commun avec le maître du tonnerre.

Un crime de Jaſion , frère de Dardanus , fut , dit-on , la cauſe de ſon voyage dans la Troade. Ce Prince avait voulu violer Cérès , qui , ſans doute , n'était alors qu'une ſimple mortelle , & la mort avait été la punition de ſon audace. Dardanus , qui aimait ſon frère , réſolut de quitter une contrée qui rappellait un ſouvenir déchirant à ſa ſenſibilité , & paſſa dans la petite Phrygie, où Teucer, déja avancé en âge & ſans héritier mâle , lui donna ſa fille en mariage (*a*).

____

(*a*) La fidélité de l'hiſtoire nous oblige d'avertir qu'il n'y a rien de moins authentique que tous ces premiers détails ſur Dardanus ; Manéthon, Diodore , Denys d'Halicarnaſſe, Euſèbe , Homère, Virgile, qui ont parlé de ce Prince, ne s'accordent preſque en rien ; l'un fait Dardanus fils de Jupiter & d'Electre ; l'autre lui donne pour père un Coryth , Roi d'Etrurie , & non de Samothrace ; celui-ci veut que Jaſion

Le Prince de Samothrace , devenu Roi de la Troade, soutint des guerres heureufes contre les Souverains de la Paphlagonie , étendit les limites de fes Etats , bâtit une ville de fon nom , & vit la population s'accroître affez dans le pays qu'il gouvernait, pour pouvoir envoyer une colonie dans la Thrace. On donne 64 ans de règne à Dardanus.

Erichton fuccéda à fon père, & jouit tout le cours de fon règne, d'une paix profonde, qui lui permit, fuivant Diodore, d'accumuler d'immenfes richeffes;

---

difputa la couronne à fon frère & fut tué de fa main , ce qui obligea Dardanus à s'exiler dans la Troade ; celui-là prétend que Cérès était déja déeffe quand Jafion voulut la violer , & qu'un coup de foudre fut la punition du facilége ; enfin Tzetzès fuppofe que le fondateur de la maifon royale de Priam , ne fut obligé qu'à caufe d'un déluge, de quitter la Samothrace. Toutes ces opinions diverfes couvrent d'un nuage épais les origines de Troye , nuage qu'il n'eft ni aifé après tant de fiècles , ni important peut-être de diffiper.

on peut juger de ces *immenfes richeffes*, par un vers d'Homère, qui les fait conſiſter en trois mille chevaux, paiſſants dans les mêmes paturages (*a*). Erichton régna, ſuivant quelques Hiſtoriens, ſoixante & quinze ans.

Tros, fils d'Erichton, jetta les fondemens de Troye, & donna ſon nom à la Monarchie. C'eſt ſous ſon règne qu'arriva le fameux enlèvement de Ganymède.

Ganymède était le ſecond fils de Tros, & avait, dans ſon printems, toutes ces graces de l'adoleſcence, qui ſemblent faire douter ſi la nature ne s'eſt point mépriſe dans le partage des ſexes. Un Tantale, petit Roi de Sipyle, ſachant qu'il devait traverſer ſes Etats, l'enleva, & lui ſit ſubir, dans ſon palais, le dernier des outrages. Une guerre cruelle s'éleva pour punir le crime de Tantale. Le jeune Prince Troyen y fut tué, &

(*a*) *Iliad.* lib. 10, vers 220.

comme fon corps ne fe trouva point fur le champ de bataille, les Poëtes en conclurent qu'il avait été enlevé par l'aigle de Jupiter.

Le chagrin caufé par le rapt de Ganymède, & par fa mort, empoifonna la veilleffe de Tros, qui mourut, dit-on, dans la foixantième année de fon règne ; des calculs moins fufpects, mais qu'il eft encore difficile d'adopter, bornent cet intervalle à quarante-neuf ans. Outre Ilus qui lui fuccéda & Ganymède qu'il vit mourir, Tros eut un troifième fils, nommé Affaracus, aïeul d'Anchife, père du héros de l'Enéïde.

ILUS. Ce Prince fut le vengeur de Ganymède. Il chaffa Tantale de l'Afie mineure, & unit fa ville de Sipyle à la Monarchie de Troye.

C'eft fous fon règne que le Palladium defcendit du ciel dans le temple de Minerve, pour rendre imprenable la ville de Troye, qui n'en fut pas moins prife deux fois depuis cette époque.

Ce Palladium ne pouvait même protéger le temple où les Dieux l'avaient déposé ; car à peine était-il defcendu fur l'autel, que la foudre y mit le feu. Plutarque dit que le pieux Ilus fe jetta au milieu des flammes pour en tirer cette fauve-garde de fes états, & qu'il y perdit la vue. L'aveugle Monarque mourut après un règne de quarante ans. On lui doit la fondation de la citadelle de Troye, qui prit, de fon nom, le nom d'Ilion.

LAOMEDON, fils d'Ilus, fut injufte & puni de fes injuftices, ce qui ne fe voit pas toujours dans les annales du defpotifme. Ce Prince, difent quelques Hiftoriens, analyfés par Eusèbe (a), avait traité, moyennant une fomme d'argent, avec Apollon & Neptune, pour bâtir les remparts de Troye. Les remparts furent bâtis, & le prix convenu refufé, ce qui attira fur la ville la vengeance des céleftes

______

(a) *In Chronic.*

architectes ; Neptune se vengea en inondant les campagnes , & Apollon en les dévastant par la peste. Laomédon , au lieu de satisfaire à sa parole , s'amusa à consulter les oracles. . On lui dit que s'il exposait sa fille Hésione , attachée à un rocher , pour être dévorée par un monstre marin , le double fléau cesserait. L'abominable Monarque , qui croyait aux oracles plus qu'à ses remords , sacrifia Hésione : heureusement Hercule qui revenait de l'expédition des Argonautes , tua le monstre & sauva la victime.

Il y a dans ce récit une circonstance dont la raison se révolte. C'est l'idée que des Dieux se sont mis aux gages d'un despote , en qualité d'architectes ; d'anciens Historiens ont expliqué ce fait étrange , en disant que Laomédon n'avait bâti les murs de Troye qu'aux dépens des trésors consacrés à Neptune & à Apollon , dont il avait dépouillé leurs temples. Cette assertion très-vraisemblable , détruit tout le merveilleux de l'évènement , en le mettant dans la claſſe ordinaire des ſacriléges.

Laomédon (*a*) fut ingrat envers le héros qui lui avait rendu Héſione , comme il l'avait été envers les Dieux qui s'é-taient faits ſes architectes ; il lui avait promis de lui donner, au retour de ſon expédition de la Colchide , Héſione & de ſuperbes chevaux. Mais quand ce héros revint dans la Troade , à la tête des Argonautes, pour demander le double prix de ſa valeur , le deſpote perfide répondit à ſes envoyés, en les faiſant mettre dans les fers. Tous les enfans de Laomédon entrèrent dans le complot , à l'exception de Priam, qui ſeul eut le courage d'être juſte , & de réclamer la foi des traités. Laomédon n'écouta ſon fils qu'avec le ſouris du dédain ; alors celui-ci courut à la priſon , offrir deux épées aux Argo-

---

(*a*) Nous prenons pour guide unique dans cette ſuite du règne de Laomédon , le judicieux Diodore. Voyez *Hiſtor. Univ.* lib. 4, cap. 13.

nautes, qui tuèrent leurs gardes, & se retirèrent après cet exploit, auprès d'Hercule.

Cette scène tragique se dénoua d'une manière terrible pour le tyran de Troye. Il y eut un combat sanglant entre ses gardes & la cohorte des Argonautes. Hercule tua de sa propre main, dans la mêlée, le perfide Laomédon, s'empara de sa capitale, & la livra au pillage.

Cependant, suivant d'autres Historiens, Hercule n'était point à la tête des Argonautes, quand il renversa le trône de Troye; ils disent qu'il vint quelques années après, venger seul son injure. Quelle que soit l'opinion qu'on embrasse, on ne peut donner moins de trente-six ans de règne à Laomédon.

Laomédon eut deux fils, Tithon (*a*) & Priam. Le premier fut un héros célèbre

______

(*a*) Plusieurs Ecrivains l'ont cru frère de Laomédon; mais nous suivons ici le texte précis de Diodore, lib. 4, chap. 30.

dans l'Orient ; on a beaucoup parlé de
fes voyages & de fes exploits ; les peuples
du Tygre & de l'Euphrate , ceux de la
Perfe & même les Ethyopiens le regar-
daient comme un fecond Bachus : fa
paffion pour la chaffe qui l'entraînait dans
les bois avant le point du jour , les graces
de l'adolefcence qu'il conferva dans l'âge
de la maturité , peut-être les excès de
l'amour qui accélérèrent fa vieilleffe , ont
fait imaginer aux Poètes l'hiftoire ingé-
nieufement abfurde de fon rajeuniffe-
ment inutile , lors de fon enlèvement par
l'Aurore.

Memnon , fils de Tithon , marcha
fur les traces de fon père ; il rendit des
fervices fignalés aux Monarques d'Affyrie
& aux Pharaons ; quand il apprit la guerre
de Troye , il vint au fecours de Priam
avec une armée d'Ethyopiens & de Perfes ;
mais Achille le fit tomber dans une em-
bufcade , & le tua de fa main fur le champ
de bataille.

Il y a eu plufieurs Memnons dans l'antiquité ; mais on les a confondus comme les Hercules : affurément le Memnon qui, au rapport de Pline, donna aux Grecs un alphabeth, quinze ans avant le règne de Phoronée, ne peut être le Roi de Thèbes, Phamenophas, que l'Egypte honora de ce nom, & encore moins le fils de Tithon, qui eut la gloire de périr des mains d'Achille.

On ne fait auffi quel était le vrai tombeau du Memnon Troyen, car on en montrait trois dans l'antiquité : les Perfes fe vantaient de conferver la cendre de ce héros, dans un maufolée érigé à Suze On montra à Paufanias, parmi les peintures du célèbre Polygnote, un tableau de ce Prince, qui rappellait le monument funèbre qu'on lui avait érigé fur les côtes de l'Hellefpont ; l'Hiftorien conte même à ce fujet, que fuivant la tradition du pays, des oifeaux viennent tous les ans, à un jour marqué, nettoyer l'aire de l'édifice, & qu'ils l'arrofent avec leurs aîles, trempées exprès dans les eaux de l'Afope. Ce Memnon, fi cher aux oifeaux des côtes de l'Afie mineure, avait été Roi d'Ethyopie (*a*).

Enfin, les Egyptiens revendiquaient le vrai tombeau du fils de Tithon : ils avaient un quartier de leur ville de Thèbes, qui portait le nom de Memnonium : on y remarquait la ftatue coloffale du héros, & chaque jour, difait-on, au lever du foleil, cette ftatue rendait, du côté de fa bafe, un fon pareil à celui de la corde d'une harpe, quand elle vient à fe caffer. Nous avons déja eu occafion, dans l'hiftoire des Pharaons, de parler de cette réfonnance harmonieufe, fruit de l'impofture des Prêtres Egyptiens qui, cachés dans la bafe du coloffe, fe faifaient muficiens, afin d'acheter le droit de paffer pour prophêtes.

PRIAM. Ce Prince était d'abord connu fous le nom de Podarces ; il avait été,

____

(*a*) Paufan. *in Phocid.* lib. 10, cap. 31.

dès son enfance , emmené en captivité avec sa sœur Hésione , & on le racheta pour le placer sur le trône ; ses derniers regards virent le désastre de sa monarchie , ainsi il connut le malheur au commencement & à la fin de sa carrière.

Le reste de sa vie (& l'intervalle en fut très-long) fut un tissu continuel de prospérités. On découvrit, dès le commencement de son règne, une mine d'or près d'Abydos, & Priam, plus sage que Midas , fit circuler le signe représentatif des richesses , afin d'avoir des richesses réelles. Il appella les arts dans ses Etats , & fit concourir les meilleurs architectes de l'Asie mineure & du Péloponèse , pour élever autour de Troye des remparts à l'abri des machines de guerre, ainsi que pour l'embellir intérieurement de palais, de temples & d'aquéducs. Troye, ainsi réparée , passa pour la rivale de Babylone , & le Monarque qui en avait été le second fondateur, pour le souverain ,

non de la Troade, mais de l'Aſie mineure.

Priam eut de ſes femmes & de ſes
concubines cinquante enfans , dont les
plus célèbres furent Hector , un des
héros de l'Iliade , & Pâris , dont les
amours adultères furent le prétexte du
déſaſtre de Troye.

Nous reviendrons à la perſonne de
Priam , quand nous décrirons la guerre
à jamais mémorable qui a amené la deſtruction de l'empire Troyen. Il nous
ſuffit en ce moment de fixer , autant qu'il
eſt en nous, quelques époques de la chro-
logie de la maiſon de Dardanus.

Il n'y a rien que d'incertain dans les
annales Troyennes, avant l'Ere de Paros,
& les ſeuls faits , depuis cette époque ,
dont une raiſon éclairée puiſſe fixer les
dates , ſont l'expédition des Argonautes ,
arrivée ſous le règne de Laomédon , le
ſecours amené à Priam par Memnon , &
l'incendie de Troye.

Quand on veut concilier le canon de

l'Aſtronome Traſylle, avec la chronique
des Marbres & avec la raiſon (a), on voit
qu'il faut mettre néceſſairement 69 ans
d'intervalle entre l'expédition des Argonautes & la ſeconde priſe de Troye ;
ces deux évènemens ſervent à trouver la
date de la première priſe de cette ville
par Hercule, un des Héros des Argonautes ; on peut compter trois ans d'intervalle entre le départ du navire Argo,
& la vengeance qu'Hercule tira de Laomédon, ce qui, joint aux deux ans d'interrègne, pendant leſquels les peuples de
la Troade négocièrent pour racheter leur
jeune Roi, & aux 64 ans du règne de
Priam, fait tomber la première priſe de
Troye, où périt Laomédon, l'an 304 de

____

(a) Ces deux monumens ſe concilient en re-
tranchant dix ans, de l'intervalle que Traſylle
met entre l'expédition de Jaſon & l'incendie
de Troye. Voyez-en les preuves à la ſuite de
cet ouvrage, au chapitre *de la Chronologie*.

l'Ere de Paros, qui répond à l'an 952 de l'Ere de Callisthène.

Memnon vint au secours de Priam sous le Roi d'Assyrie Tautames, suivant la chronologie de Diodore, qui ne s'éloigne que de quatre ans de celle des marbres (*a*), & il devait être à Troye l'année de sa prise par Agamemnon, année que les monumens les plus authentiques fixent à l'an 373 de la chronique de Paros.

D'après ces traits de lumière, on peut conjecturer (*b*) que la dynastie Royale de Dardanus s'est maintenue sur le trône 333 ans; alors l'avènement du chef de cette

---

(*a*) Voyez-en les preuves *Hist. des Hommes*, partie Ancienne, tome V, pag. 136.

(*b*) Je me sers du mot *conjecturer*, car il n'est rien moins qu'évident que les Rois de la Troade ont régné entr'eux six l'espace de 333 ans.

dynaftie, tombe à l'an 40 de l'Fre que nous adoptons, c'eft-à-dire, 13 ans avant le déluge de Deucalion.

VUES GÉNÉRALES

SUR

L'HISTOIRE DES ARGONAUTES.

C'EST fous le règne de Laomédon, qu'une chronologie éclairée place l'expédition des Argonautes, & l'ordre naturel de cette hiftoire de la Grèce, demande que nous coupions, par le récit de cette conquête, les annales de la monarchie de Troye.

L'antiquité, il faut l'avouer, offre peu d'évènemens qui ait laiffé dans fon fouvenir, une trace plus profonde que la conquête de la Toifon d'or. On en retrouve des monumens dans fon hiftoire, dans fes vers & dans fes ftatues : quelques recherches fur cette fable célèbre, un petit nombre d'étymologies forcées, & beaucoup de conjectures fur les conjectures des anciens Philofophes, auraient peut-être fuffi au lugubre Boullanger , pour faire fur le voyage des Argonautes une nouvelle *antiquité dévoilée* ; car il n'y a rien qu'on ne prouve, quand on a une imagination ardente , quand on fubftitue des citations Arabes à des raifons, & qu'on veut faire un fyftême.

Orphée avait compofé un Poëme fur cette expédition , dont il avait été un des héros : c'eft ce qui eft arrivé auffi à Dom Alonfo d'Ercilla, le Virgile de l'Efpagne ; mais les *Argonautes* d'Orphée fe font perdus, & l'*Araucana* s'eft confervée.

Epiménide, ce Grec fameux qui dormit, dit-on, cinquante-fept ans dans une caverne (*a*), & qui, s'étant couché ignorant, fe réveilla philofophe ; Epiménide, dis-je, compofa auffi 6500 vers fur le voyage de Jafon dans la Colchide. Le Poëme dort avec le Poète dans la nuit éternelle.

Depuis, on a fait trois autres Odyffées

(*a*) Diog. Laërt. *in vitâ Epimenid.*

fur ce voyage des Argonautes ; mais qui n'étant le plus fouvent que des gazettes verfifiées , nous font regretter la perte des ouvrages d'Orphée & d'Epiménide ; l'une eft d'un Onomacrite, qui ofa prendre le nom du Chantre de la Thrace fans avoir fon génie ; l'autre eft d'un Apollonius de Rhodes ; on n'eftime de fon Poëme que les Scholies : la dernière eft d'un Valérius Flaccus ; fon ouvrage, qui n'a jamais été achevé, n'a pas même été jugé digne des honneurs d'un commentaire.

Cependant il faut être jufte : de ces trois Odyffées, il y en a une qui mérite d'être diftinguée par l'Hiftorien des hommes ; c'eft celle d'Onomacrite : fon Auteur a cherché à faire revivre l'ouvrage d'Orphée ; il a raffemblé une foule de faits qui nous éclairent fur la Géographie des âges primitifs ; & ceux de fes textes qui nous paraiffent les plus étranges, fe concilient quelquefois avec ceux des Hiftoriens les plus diftingués, tels que les Timée, les Ephore & les Strabon.

En général, quelque faibles que soient tous les Poëmes qui nous restent sur l'expédition des Argonautes, l'évènement qui en fait la base n'en paraît pas moins digne de l'hommage des siècles; car les Poètes de divers âges & de diverses nations ne se donnent pas le mot, pour chanter un voyage frivole, fait par des héros condamnés à l'oubli. En vain le mauvais goût a régné en France depuis les Rois de la première race, jusqu'à François I; on ne s'est pas avisé de faire cinq Poëmes épiques sur les voyages de Mérouée ou sur les expéditions de Childebrand.

Malheureusement cet évènement si mémorable semble, pour nous, caché sous un triple rideau de nuages; le tems a détruit la plus grande partie des mémoires originaux; la vanité grecque a pris plaisir à falsifier la tradition qui devait suppléer à leur absence; & quand la Philosophie moderne a voulu travailler sur un sujet si digne d'elle, elle n'a plus trouvé que des Historiens qui se copiaient les uns les autres, ou des Savans qui se contredisaient pour faire valoir leurs systêmes.

Encouragés par les obstacles mêmes qui auraient arraché la plume à des Historiens vulgaires, nous nous sommes livrés à toutes les recherches les plus arides, pour lier ensemble la masse des faits, & nous avons jetté ensuite cette masse informe dans le creuset de la critique (*a*), pour en séparer tout ce que l'orgueil & la crédulité pouvaient y avoir inféré d'hétérogène. Notre travail n'a point été inutile, & nous sommes arrivés à des résultats heureux, qui nous ont amplement dédommagés de la fatigue de nos recherches.

____

(*a*) Si on veut voir beaucoup de recherches sans critique, il faut lire les dissertations savantes sur les Argonautes, que l'Abbé Banier, l'interprète de tous les contes bleus de l'ancienne Mythologie, a inférées dans les Mémoires de son Académie.

L'importance de ces réſultats nous fera pardonner aiſément de nous être étendus ſur cette expédition des Argonautes, qui tient à peine quelques lignes dans les Hiſtoires vulgaires ; on verra qu'ils répandent la plus grande lumière ſur les annales primitives de la Grèce, ſur l'idée qu'on doit ſe former de ſes Héros indigènes & ſur la Géographie des premiers âges du globe.

RÉCIT HISTORIQUE

DE LA CONQUÊTE DE
LA TOISON D'OR.

VOICI, à quelques exagérations près , le cannevas hiftorique , fur lequel les cinq Poètes , qui ont pris Jafon pour leur héros , ont brodé leurs merveilleufes avantures : je ne ferai qu'analyfer le fage Diodore (*a*).

Jafon, fils d'Æfon, & neveu de Pélias, Roi de Theffalie, était né (& ici Diodore eft lui - même plus Poëte qu'Hiftorien) était né, dis je, avec toutes les qualités qui conftituaient un héros dans les premiers âges ; il avait la force de l'Hercule Oriental, & l'intelligence des Orphée & des Pythagore. Parvenu à l'adolefcence,

---

(*a*) *Hiftor. Univerf.* lib. 4 , cap. XI.

il defira faire parler de lui par quelqu'entreprife qui pût tranfmettre fon nom aux fiècles ; il communiqua fon deffein à Pélias, & celui - ci y confentit, moins pour concourir à la gloire de fon neveu, que dans l'efpérance criminelle qu'il périrait dans fon entreprife ; car ce Prince ombrageux, comme tous les Defpotes, fe voyant fans enfans, craignait d'être un jour détrôné par Jafon. Pour mieux voiler fon Machiavélifme, Pélias offrit au jeune Héros une flotte & de l'argent, s'il voulait aller enlever la Toifon d'Or, qu'on regardait comme le Palladium de la Colchide.

Le Pont, à cette époque, était habité par des barbares, qui tuaient tous les étrangers qui abordaient fur leurs côtes. Jafon, qui ne voyait dans les périls, que la gloire de les furmonter, adopta l'idée de Pélias. Il fit conftruire, au pied du mont Pélion, un vaiffeau qui furpaffait, par fa grandeur & par fon appareil, tous ceux qu'on avait vus jufqu'alors dans les mers de la Grèce. Une foule de jeunes guerriers de toutes les parties du Péloponèfe fe préfentèrent pour le monter. Mais Jafon , maître du choix , n'en prit que cinquante-quatre , dont les plus diftingués étaient Hercule , Caftor & Pollux , Télamon , Orphée & la fameufe Atalante. Quelques Mythologiftes difent que le navire fut nommé Argo , du nom d'Argus , qui l'avait conftruit , & qui s'y embarqua , pour le réparer , en cas qu'il effuyât des combats ou des orages. D'autres prétendent que le mot grec qui le défigne ne fait allufion qu'à fon extrême légéreté (*a*).

(*a*) Ceux qui font cas des conjectures étymologiques, fauront qu'il y a encore trois opinions différentes fur l'origine du mot *Argo*. Tzetzès veut qu'on l'ait appellé ainfi , parce qu'il fut fabriqué à Argos ; le Poëte Ennius , cité dans les Tufculanes de Cicéron , parce qu'il portait les Argiens, & notre favant Bochart, *Chanaan*, lib. 2, cap. xi , parce qu'il avait été conftruit

Les Argonautes s'affemblèrent le jour du départ, choifirent Hercule pour leur Amiral, & fortirent du port d'Iolchos.

Déja le navire cinglant dans la haute mer, avait perdu· de vue la cîme du mont Athos, quand une tempête s'éleva & jetta les Argonautes contre le Promontoire Sigée, qui fait partie de la Traode.

Hercule & fes guerriers, defcendus fur le rivage, trouvèrent, comme nous l'avons déja dit, Héfione enchaînée fur un rocher & fur le point d'être dévorée par un monftre. Le Héros propofa de tuer le monftre, fi on voulait lui

---

fur le modèle du vaiffeau long des Phéniciens, connus fous le nom d'*Arco*. Tzetzès, Ennius & Bochart, pourraient avoir tort, fans qu'on pût conclure à donner raifon à Diodore.

Si cependant il fallait choifir entre toutes ces conjectures, la plus heureufe me femble celle de Bochart, toute moderne qu'elle eft; nous en verrons la preuve philofophique dans le cours de cette hiftoire des Argonautes.

donner, en récompenfe, les chevaux de Laomédon. Le traité fut accepté. Hercule délivra la Troade du fléau qui la défolait, & laiffa à Héfione la liberté de refter dans fa patrie ou de fuivre fon libérateur. La Princeffe n'héfita pas entre des concitoyens qui l'avaient facrifiée à l'impofture des Prêtres, & un guerrier généreux à qui elle devait la vie ; mais Hercule, qui ne voulait pas l'expofer aux dangers de fon expédition, la laiffa, avec les chevaux qui devaient être le prix de fa valeur, en garde à Laomédon, & promit de les reprendre à fon retour de la Colchide.

Les Argonautes, à peine rembarqués, virent leur navire une feconde fois le jouet de la tempête. Les vagues furieufes allaient l'engloutir, lorfqu'Orphée ne voyant plus de reffources humaines, s'adreffa aux Dieux de la Samothrace : à l'inftant la tempête ceffa, & le ciel reprit fa férénité. Deux de ces météores, que le peuple appelle étoiles tombantes, pa-

rurent alors fur la tête de Castor & de
Pollux, & les Argonautes, qui ne fa-
vaient rien en Physique, fe crurent en-
tourés de prodiges.

Cependant les compagnons d'Hercule
étaient devenus jaloux de fes exploits.
Suivant une tradition dont Diodore ne
fe rend pas garant, mais qui ne blesse
en rien la vraisemblance, ces guerriers
perfides firent defcendre le Héros à terre
pour chercher de l'eau ; enfuite le navire
cingla vers la haute mer, & le libérateur
d'Héfione fut abandonné fur la plage.

Une autre tradition, dont nous avons
fait part dans l'Histoire de l'Hercule
Oriental, empêcherait la postérité de
maudire la mémoire des Argonautes. Suivant ce nouveau récit, le fils adultérin
d'Amphytrion n'éprouva point de perfidie; il defcendit avec les guerriers, dont
il était le chef, fur les côtes de la Thrace.
Phinée gouvernait alors cette contrée.
Ce Prince avait eu deux enfans d'un
premier lit, qui ne pouvaient vivre en

paix avec fa nouvelle époufe. L'artificieufe Princeffe fit croire à fon mari
que ces jeunes gens avaient voulu la
violer , & le crédule Phinée les fit
battre de verges & chaffer ignominieu-
fement de la Thrace. Hercule , le répa-
rateur de tous les torts, prit la défenfe de
ces infortunés, alla tuer leur père, & leur
donna fon Royaume à gouverner. Notre
Hiftorien obferve que les enfans de Phinée
s'y étaient pris avec beaucoup d'adreffe
pour mettre Hercule dans leurs intérêts ;
ils lui avaient offert le culte qu'on rend
aux Dieux ; ce trait d'adulation fit fon
effet, & le Héros, en les couronnant, ne
fut pas fâché de compter des Rois parmi
fes adorateurs.

De la Thrace , les Argonautes , fans
s'écarter de la vue des côtes du Pont-
Euxin , fe rendirent dans la Colchide.

Aëtes gouvernait alors cette contrée ,
mais en tyran plutôt qu'en Monarque ;
Hécate , fa nièce , qu'il avait époufée, le
fecondait , à fon gré , dans toutes fes

barbaries ; c'eſt elle qui avait inſtitué les ſacrifices humains en l'honneur de Diane ; ſacrifices qui, dans la ſuite, exposèrent Oreſte à périr de la main même de ſa ſœur Iphigénie. Médée, quoique née de ce couple féroce, avait une ame à elle, que l'éducation la plus perverſe n'avait pu dégrader. Elle ne s'occupait que des moyens de ſauver la vie aux infortunés que leur deſtinée fatale faiſait aborder dans ce pays ennemi des hommes. Aëtes, furieux qu'un être ſenſible fût né de lui, fit garder Médée à vue, & lui préparait toutes ſortes d'opprobres ; mais l'héroïne trompa la vigilance de ſes gardes, & ſe réfugia dans un temple du Soleil, bâti ſur le rivage du Pont-Euxin. C'eſt dans ces circonſtances que les Argonautes abordèrent dans la Colchide. Jaſon la vit, l'aima & n'eut pas de peine à concerter avec elle les moyens de s'emparer de la Toiſon.

Cette Toiſon, objet des deſirs de tous les Héros de la Grèce, était, ſuivant une tradition populaire , la dépouille dorée d'un bélier , fur lequel Phryxus , fils d'Athamas, avait traverfé l'Hellefpont. Le Prince , ajoute-t-on , arrivé , grace à ce quadrupède enchanté , fur le rivage de la Colchide , avait fufpendu fa dépouille à la voûte d'un temple de Mars ; & Aëtes , à qui les Oracles avaient perfuadé que fa vie dépendait de la garde de cette efpèce de palladium , avait fait entourer le temple d'un double rempart , protégé jour & nuit par l'élite des foldats de la Tauride. Tel eft le fondement de la fable orientale qu'un dragon monftrueux & des taureaux dont l'haleine était enflammée veillaient à la sûreté de la Toifon.

L'Hiftoire (& je continue à être ici l'interprète de Diodore) l'Hiftoire explique de diverfes manières le voyage de Phryxus & de fon bélier à Toifon d'or au travers de l'Hellefpont. L'interprétation la plus naturelle, eft celle qui fuppofe que le Héros Grec s'embarqua

fur un navire dont la proue dorée portait la tête d'un bélier. Il eſt vrai que la
conquête d'une proue dorée devait avoir
peu d'attraits pour cet Hercule, qui ſe
faiſait un jeu de ſoutenir le fardeau du
ciel, & de créer de ſes mains immortelles
le détroit de Gibraltar.

Quoiqu'il en ſoit, Médée conduiſit
les Argonautes dans le temple de Mars,
où était renfermée la Toiſon. Ce temple
ſe trouvait éloigné de ſoixante & dix
ſtades de la ville de Sibaris, où les Rois
de la Colchide faiſaient leur réſidence.
La Princeſſe, arrivée de nuit aux portes
de l'édifice ſacré, parla dans la langue de
la Tauride aux ſoldats qui gardaient ſon
enceinte, & ceux-ci ouvrirent à la fille
de leur Souverain ; à l'inſtant les Argonautes ſe précipitèrent à ſa ſuite, l'épée
à la main, dans l'intérieur du temple,
égorgèrent les barbares qui voulurent ſe
défendre, & s'emparèrent de la Toiſon.
Aëtes apprit l'invaſion des Grecs, lorſque
Jaſon allait s'embarquer avec Médée &

fa proie ; il vint , l'épée à la main , leur demander raifon de cet attentat , & ceux-ci le juftifièrent à la manière des con-quérans , en tuant le Roi de la Colchide.

Les Argonautes rembarqués , effuyèrent de nouveaux orages fur le Pont-Euxin. Mais Orphée , qui avait la recette des enchantemens , continua de leur rendre le ciel propice , & ils arrivèrent avec leur navire à demi-fracaffé fur les côtes de la Troade. Hercule couronna , mais plufieurs années après , fon expédition , en faccageant Troye & en inftituant les jeux Olympiques.

HISTOIRE POÉTIQUE

DE LA

MÊME CONQUÊTE.

Nous venons de voir le récit de Diodore, dont, à quelques circonftances près, la fimplicité hiftòrique peut s'accommoder. Le voici maintenant avec tout le merveilleux de la féerie, tel qu'il a plu à l'imagination des Poètes de l'embellir, comme s'ils avaient voulu ne tranfmettre le nom de leurs Héros aux races futures, que pour faire douter de leur exiftence (*a*).

(*a*) Pindar. *Pythic.* 4. Apollon. de Rhodes. *Argonaut.* lib. 1. Valer. Flaccus dans le Poëme imparfait, qui a le même titre que celui d'Appollonius. Tzetzès, *Chiliad.* 6. Ovid. *Métam.* &c.

Phryxus & sa sœur Hellé étaient sur le point d'être sacrifiés aux dieux destructeurs de la Béotie ; un bélier à toison d'or qui avait des aîles, & outre cela le don de la parole, plus sensible aux malheurs de ces Princes, que les hommes froids & avilis qui venaient se repaître de cet affreux spectacle, les enleva sur son dos, & les porta du même vol dans la Colchide. On conservait, dans les temples de Thèbes, la généalogie de ce bélier merveilleux ; il descendait en droite ligne de Neptune, qui s'était déguisé sous la forme de ce quadrupède pour avoir les faveurs de la Nymphe Théophane.

Phryxus, en sûreté contre les entreprises fanatiques des Prêtres, loin d'être reconnaissant envers le bélier qui lui avait sauvé la vie, l'immola à Jupiter, & suspendit sa toison sous la voûte d'un temple. Ce crime de Phryxus paraît aux Poètes dans le cours ordinaire des choses, comme la métamorphose de Neptune &

le vol du bélier parlant au-deſſous du Pont-Euxin.

Une tradition ſe répandit bientôt dans toute la Grèce, que la Toiſon renfermait dans ſa laine un tréſor ineſtimable. Les guerriers du Péloponèſe entreprirent de la ravir; ils conſtruiſirent un vaiſſeau d'une forme nouvelle, & s'embarquèrent ſur une des mers qui entourent le Péloponèſe.

Le navire Argo, qui portait ces auguſtes corſaires, avait été bâti en partie avec les chênes ſacrés de la forêt de Dodone; auſſi quand on l'interrogeait, il rendait des oracles.

Les guerriers qui montaient le vaiſſeau prophétique n'étaient point des héros ſubalternes; ils avaient pour chef Jaſon, le plus bel homme de la Grèce, que Junon s'était ſurpriſe à aimer, & cet Hercule qui ſéparait les montagnes, pour creuſer un nouveau lit à l'Océan.

Tiphys, le fils de Neptune, & allié

par conséquent du bélier de Phryxus, s'était chargé de l'emploi de Pilote.

Parmi les autres Argonautes, on distinguait un Admète, Roi de Thessalie, qui avait obtenu des Dieux, que vif ou mort, il serait toujours informé de ce qui se passait sur la surface de ce globe ; un Lyncée dont la vue était si perçante qu'il lisait au travers des entrailles de la terre ; un Orphée qui enchantait les vagues au fort de la tempête ; un Castor & un Pollux qui méritèrent, par leur amitié héroïque, d'être changés en étoiles.

Les Argonautes, après avoir côtoyé la Magnésie & une partie de la Macédoine, furent arrêtés par une tempête, à la hauteur de l'Isle de Lemnos. Le Pilote Tiphys, qui avait sans doute, sur l'art Nautique, des connaissances qui se sont perdues, prédit que la tempête durerait un mois, parce qu'elle avait commencé le quatrième jour de la lune.

Ovide croit que ces guerriers, enchantés du commerce des Lemniennes, restèrent deux ans dans leur Isle, & que sans Hercule, qui les arracha des bras de ces Syrènes, la toison d'or serait restée dans le temple de Colchos. Jason, en partant, laissa la Princesse Hypsipile grosse de deux enfans, qui probablement ne virent jamais leur père.

De Lemnos, les Argonautes se rendirent dans l'Isle de Samothrace, pour y accomplir un vœu qu'avait fait Orphée, au milieu d'une tempête.

Avant d'entrer dans l'Hellespont, le navire Argo se vit attaqué par des pirates Tyrhéniens. Le combat fut terrible; tous les héros que commandaient Hercule & Jason furent blessés, à l'exception de Glaucus, qui disparut dans la mêlée, & fut mis sur-le-champ au nombre des Dieux de la mer, à côté de Neptune & d'Amphitrite.

Les Argonautes, après une victoire qui leur avait coûté si cher, relâchèrent, par le conseil d'Orphée, dans l'Isle Electride, ainsi nommée sans doute à cause

de l'arbre qui diſtille l'ambre , & qu'on
trouvait en abondance ſur ſes côtes :
malheureuſement cette Iſle Electride
s'eſt perdue , & on ne la trouve ni dans
les mers qui baignent l'Aſie mineure
& la Grèce , ni même dans les cartes
conjecturales des Géographes.

Le vaiſſeau de-là ſe mit à côtoyer la
Myſie. C'eſt dans ces parages, qu'Hercule
s'étant amuſé à ſuivre le jeune Hylas que
des Nymphes avaient enlevé, fut abandonné par les Argonautes. Jaſon ; afin
de déterminer les héros Grecs à cette
lâcheté, dit que le nouveau dieu Glaucus
lui avait apparu pour la lui conſeiller , &
tout le monde crut à la viſion , grace à
la jalouſie qu'inſpirait la ſupériorité de
gloire du fils de Jupiter.

Jaſon, devenu ſeul Amiral, traverſa ,
ſans péril , l'Helleſpont , entra dans la
Propontide , & aborda à Cyzique , où
il fut attaqué par des géans ayant ſix
jambes & autant de bras, qui furent tous
égorgés. Les Argonautes , après cet ex-

ploit, cherchèrent de l'eau, & Cybèle, qui les protégeait, donna un coup de baguette à un rocher, dont il jaillit à l'inftant une fontaine.

Nos héros rembarqués, éprouvèrent un coup de vent qui les jetta fur les côtes de la Thrace; ils y trouvèrent un Roi, vieux & aveugle, nommé Phinée, qui était tourmenté par des oifeaux à vifage de femme, qui prédifaient l'avenir, & à qui on avait donné le nom de Harpyes. Phinée donna aux Argonautes un Pilote du pays qui conduifit leur navire au travers des Symplégades, & ceux-ci en reconnaiffance détachèrent Calaïs & Zethès, enfans aîlés du Borée, qui pourfuivirent les Harpyes fans relâche, & les forcèrent à chercher un afyle aux Ifles Strophades.

Les Argonautes, arrivés au Pont-Euxin, perdirent Typhis, & nommèrent le Phénicien Ancée pour diriger, à fa place, le gouvernail. Le nouveau Pilote effuya bientôt une tempête qui l'obligea à re-

lâcher dans une Ifle d'Ares, confacrée
à Mars, où les oifeaux lançaient leurs
plumes, comme fi c'étaient des flèches;
les guerriers de Jafon furent obligés de
combattre dans les règles, pour fe défendre
des plumes mortelles de ces oifeaux.

C'eft après tant d'aventures merveilleufes que le navire Argo découvrit le
mont Caucafe, & aborda dans la Colchide.

Jafon fe préfente hardiment devant
Aëtes, & lui demande cette toifon d'or,
qui paffait pour la fauve-garde de fa
Monarchie. Le Roi, troublé par des
vifions finiftres que les Dieux lui avaient
envoyées, n'ofe s'affurer de fa perfonne;
il fe contente de lui faire acheter le tréfor
auquel il afpire, par les épreuves les plus
propres à déconcerter fa valeur. Il s'a-
giffait de mettre fous le joug des taureaux
qui vomiffaient des flammes, de les at-
teler à une charrue de diamans, & de
s'en fervir, pour labourer quatre arpens
d'un champ confacré à Mars; le Héros

devait enfuite femer dans ce champ les dents d'un ferpent monftrueux qui, à l'inftant, produifaient des foldats armés qu'il fallait exterminer. Ces exploits devaient être terminés par la mort du dragon qui veillait à la garde de la toifon. Aëtes ne donna qu'un jour au chef des Argonautes pour exécuter tant de merveilles.

Si Jafon n'avait été que brave, il aurait fuccombé à ces épreuves. Heureufement il fe trouva le plus beau des Grecs, & il réuffit. Médée, inftruite dans l'art terrible des enchantemens, rencontra ce héros défarmé au milieu d'un bois confacré à Hécate : cette magicienne formidable céda à la douce magie de l'amour, & donna à Jafon des Talifmans qui, mieux que fon épée, pouvaient le faire fortir vainqueur de fes épreuves. L'Argonaute, tranquille fur le zèle de fon amante, fe préfente dans la carrière. Il jette aux taureaux des herbes enchantées. A l'inftant ces animaux fuperbes perdent leur férocité, préfentent au joug leur têtes dociles, & labourent le champ de Mars. Jafon, à la vue de ce prodige, n'héfite pas à femer dans les fillons les dents du monftre; les guerriers prédits par Aëtes fortent de la femence qui les renferme, & vont s'élancer contre Jafon ; mais celui-ci lance au milieu d'eux une pierre magique; alors leur fureur change d'objet, & ils s'entretuent.

Ce fut la nuit fuivante que Jafon remplit les vœux des Argonautes ; il fe rendit, avec Médée, au temple, affoupit à l'aide d'un breuvage, le dragon, lui ôta la vie, enleva la toifon d'or, & reprit le chemin de la Grèce, chargé de fa maitreffe & du Palladium de la Colchide.

Le champ des merveilles n'eft pas encore épuifé. Les Argonautes brûlaient de retourner dans leur patrie, pour faire parade de leurs exploits, chez des peuples hors d'état de les apprécier ; mais ils éprouvèrent, avant d'y arriver, une foule d'aventures propres à former la matière d'une seconde Odyssée.

Quand le navire Argo sortit du Phase pour rentrer dans le Pont-Euxin, il erra au milieu des brumes le long des côtes de l'Asie, jusqu'aux Palus Méotides; de-là, les vents le portèrent dans un détroit qu'il fut neuf jours à traverser, ensuite il se trouva dans l'Océan septentrional, la seule mer du globe dont le plus léger zéphir ne ride jamais la surface. Les Argonautes, pour se dérober à ce calme éternel, plus perfide que la tempête, se mirent à traîner eux-mêmes leur vaisseau le long du rivage, ce qui leur donna occasion d'étudier les mœurs des peuples qui habitaient le long de cette mer pacifique.

Les Macrobiens s'offrirent les premiers à l'admiration des Argonautes; c'étaient les Philosophes du Nord; ils ne se conduisaient que par les loix immuables de l'ordre, & les Dieux les en avaient récompensés en exemptant, leurs corps des maladies, comme leurs cœurs l'étaient des vices qui nous obsèdent. Les visages des pères, comme celui des enfans, présentaient l'image de l'adolescence ; des végétaux pleins de suc, qui croissaient sans culture, leur servaient d'aliment, & leur boisson était une rosée aromatique qui venait tous les matins embaumer l'atmosphère. Au bout de mille ans, passés dans un printems perpétuel, le Macrobien s'endormait d'un sommeil paisible, & se réveillait auprès des Dieux, dont il avait été l'image sur ce globe.

Jason & ses guerriers continuèrent à traîner leur navire le long de l'Océan septentrional, & arrivés à la chaîne des monts Ryphées, ils découvrirent les Cimmériens, peuple que l'absence du Soleil condamne à des ténèbres éternelles. De-là, on entra dans des mers nouvelles que le Pilote Ancée connaissait, & le navire se remit à voguer.

Les Argonautes trouvèrent, dans leur route, beaucoup d'isles perdues pour nos

Géographes; l'une eft une ifle de Jernes, fituée fous un ciel orageux, où ils effuyèrent une tempête de douze jours; l'autre eft une ifle Peucefte, où Pluton vint autrefois après avoir traverfé l'Océan Atlantique, pour enlever Proferpine; la dernière eft l'ifle de Circé. La Magicienne qui y réfidait, jaloufe de Médée, fa rivale dans l'art des enchantemens, tenta de la faire périr; mais l'amour de Jafon qui durait encore, parce qu'il ne s'était point éteint dans les jouiffances, fauva l'héroïne de la Colchide.

Le navire Argo remis en mer, arriva, après beaucoup d'autres traverfes, aux Colonnes d'Hercule. Au fortir de ce détroit, il entra dans la Méditerranée, côtoya la Sardaigne, l'Italie, la Sicile, & échappa aux gouffres de Scylla & de Charybde, grace à Thétis qui voulait conferver la vie de Pelée, fon fils, un des Argonautes.

Les Syrènes parurent non loin de ces parages, & tentèrent, par leurs chants perfides, d'égarer les compagnons de Jafon ; déja les matelots·abandonnaient les rames, & le Pilote dirigeait le gouvernail du côté du rivage, quand Orphée, qui s'apperçut du danger, fe mit à jouer lui-même de la lyre. Le charme réuffit, les Syrènes s'avouèrent vaincues, fe précipitèrent, de rage, dans la mer, & y furent changées en rochers.

Le Poëme épique des Argonautes, ainfi que nos Comédies modernes, finit par un mariage. Le navire qui portait tant de héros, était arrivé chez les Phéaciens, & y avait trouvé des Ambaffadeurs de la Colchide, qui demandaient qu'on rendît Médée à fa patrie. Alcinoüs, Roi de la contrée, fut nommé juge du différent ; il décida que fi Médée était encore vierge, il fallait la rendre aux barbares, finon elle devait refter avec Jafon. Les Argonautes, inftruits à tems du jugement d'Alcinoüs, firent la nuit même la cérémonie du mariage des deux amans, & Médée, en perdant fa virginité, acquit le droit de ne plus appartenir à sa patrie.

Telle est la relation poétique du voyage des Argonautes , d'après Onomacrite. Celle d'Apollonius de Rhodes ne présente pas moins de merveilles.

Junon (car il n'y a point d'épopée sans machines) Junon trace, par une flamme, la route que le navire Argo doit suivre en quittant la Colchide , & elle le conduit ainsi jusqu'aux bouches du Danube. Jason remonte le fleuve , ensuite il tire le vaisseau sur le rivage, & le porte, avec ses compagnons , au travers des montagnes, jusqu'au golphe Adriatique, où il est remis à flot. Les Argonautes arrivent, dans cette nouvelle navigation , à l'isle Electride , que le Poète place à l'embouchure de l'Eridan , & qui depuis a disparu.

Nos héros , toujours en butte aux orages, & toujours les bravant, grace à leur baguette magique, visitent tour à tour les isles de Malthe, de Calypso & de Circé ,

& vont légitimer les amours de Médée
& de Jason à la Cour du Roi des Phéaciens
Alcinoüs.

Ils étaient sur le point d'entrer dans
l'Océan, quand leur mauvaise destinée
les fit échouer sur les Syrtes d'Afrique;
là, ils trouvèrent, fort à propos, un génie
bienfaisant, qui leur donna pour guide
un cheval du char de Neptune, & après
avoir porté leur navire sur leurs épaules
pendant douze jours & autant de nuits,
ils arrivèrent au jardin des Hespérides.

Non loin de ce lieu enchanté, se trouvait le lac Triton; Jason le parcourut,
entra dans le fleuve qui sert de communication entre le lac & la Méditerranée,
& se trouva vis-à-vis l'isle de Crète.
Là, un Paladin d'une taille colossale lança
sur le navire Argo des roches énormes
qui furent sur le point de l'engloutir;
mais Médée eut recours à ses enchantemens, & le géant fut renversé dans
l'abîme.

Ce péril fut le dernier qui menaça les

jours des Argonautes , & ils rentrèrent enfin , pleins de vie & de gloire, dans les ports du Péloponèfe.

VUES NOUVELLES

SUR UNE

DOUBLE EXPÉDITION DE LA COLCHIDE,

HISTOIRE DE CELLE QUI FUT EXÉCUTÉE PAR LES GRECS, DANS LE SIÈCLE DE LA GUERRE DE TROYE.

CE n'eſt pas ſans motif que nous avons réuni ici le double tableau de l'expédition des Argonautes, ſuivant les Poètes & ſuivant les Hiſtoriens ; il fallait mettre le Lecteur à portée de juger par lui-même de la juſteſſe de l'idée neuve que nous allons lui préſenter, ſur l'expédition des Argonautes.

Quand on lit avec attention le récit de Diodore, & qu'on veut le confronter avec celui d'Onomacrite & d'Apollonius, on eſt arrêté à chaque pas ; on croit voyager dans deux mondes différens, qui n'ont de rapport entr'eux que par la reſſemblance d'un petit nombre de phares, qui en éclairent les routes.

Après avoir long-tems réfléchi dans le ſilence de tout préjugé, ſur cet évènement qui a ouvert, chez les anciens, toutes les bouches de la Renommée, il nous a paru qu'il y avait eu, à des époques très-éloignées, deux expéditions mémorables dans la Colchide.

Les Grecs, comme nous l'avons déja fait preſſentir pluſieurs fois, étaient les plus grands plagiaires du monde connu. Parvenus au plus haut période de la gloire, & devenus les inſtituteurs du monde civiliſé, ils ont envahi toutes les réputations ; ils ont compoſé leur Mythologie avec les dieux des peuples primitifs, & leur ancienne Hiſtoire avec des héros qui ne leur appartenaient pas. Cette vanité nationale pouvait ſe pardonner aux eſclaves des Pharaons, qui n'ayant jamais rien créé dans les arts, ne pouvaient avoir des héros indigènes, mais non à des républicains qui eurent un fiècle de génie où ils pouvaient oppofer à tout ce qui exiftait de grand parmi les hommes, leurs Homère & leurs Ariftide, leurs Léonidas & leurs Socrate.

Tout fert à démontrer aux fiècles la diftinction des deux expéditions dans la Colchide, les merveilles de l'un des deux récits qui défignent fon époque vers l'âge des fables, l'abus que les Grecs ont fait du nom d'Hercule, en confondant le héros de Thèbes, qui préfidait à l'un des deux voyages, avec celui de l'Orient qui était l'ame de l'autre, & fur-tout la différence marquée des deux Géographies que fuppofe la double invafion dans la Colchide.

Le voyage vraiment exécuté par les Grecs, eft celui dont la plûpart des détails nous ont été tranfmis par Diodore. Sa narration fimple & dénuée de merveilleux, n'a que très-peu dénaturé cet évènement. L'Historien ne donne point à ſes héros cette taille gigantesque qu'une raiſon éclairée ne manque jamais de réduire ; il ſent qu'il ne faut mettre que des hommes en ſcène, quand on a à parler à des hommes.

Cette expédition Grecque, au premier coup-d'œil, ſemble n'avoir été que le voyage hardi de quelques marchands qui trafiquaient ſur les côtes orientales du Pont-Euxin ; il eſt certain que de tout tems on a fait, dans la Mingrélie, qui eſt l'ancienne Colchide, un grand trafic de fourrures ; & la politique du ſiècle de Jaſon devait ſur-tout favoriſer des navigateurs qui ouvraient aux Grecs une nouvelle ſource de connaiſſances & de richeſſes : malheureuſement pour cette conjecture le caractère des cinquante-quatre Argonautes nous a été tranſmis avec leur nom, & il n'y en a aucun qui doive ſa renommée à ſon génie mercantil. Jaſon & Hercule préſidaient à

cette expédition ; mais l'un était un Pâris
qui ne fongeait qu'à féduire les femmes
& à leur faire d'heureufes perfidies ; l'autre
était un guerrier féroce qui fe ferait indigné d'une gloire pacifique, & qui tra-
fiquait, non des fourrures d'obfcurs qua-
drupèdes, mais du fang des hommes.

Il eft probable que l'expédition de
Jafon fut le premier voyage de long
cours que les Grecs tentèrent fur une
mer orageufe & hériffée d'archipels. Les
Phéniciens, à cet égard, leur furent
d'un grand fecours. Ce premier des peuples navigateurs avait deux fortes de
navires, le *Gaulos*, ou vaiffeau rond
qui lui fervait pour les petits trajets où
il ne fallait pas s'éloigner des côtes, &
l'*Arco*, ou vaiffeau long pour les voyages
de long cours. Les Grecs lui empruntèrent
fon *Arco*, & en firent le navire Argo,
qui donna fon nom aux Argonautes. Non
contens de cet aveu tacite de leur infé-
riorité, ils le prièrent de leur donner le
Pilote Ancée pour les mener, par une

route moins incertaine, dans la Colchide;
on voit par-là qu'ils eurent le bon efprit
de fe faire inftruire dans la navigation
par les Phéniciens, avant qu'eux-mêmes
ils en inftruififfent le refte de l'Europe.

Quant à l'objet de l'expédition, ce
fut probablement pour enlever quelque
tréfor ou pour venger quelque grande
injure; peut-être même fut-ce pour
ces deux caufes réunies. Plus d'un monument hiftorique attefte que la Toifon
d'or n'était autre chofe qu'une fomme
confidérable d'or & d'argent enlevée par
Phryxus à fon père Athamas. Suivant ces
mêmes monumens, le coupable raviffeur
s'enfuit en Colchide auprès d'Aëtes, qui
le fit affaffiner, pour s'emparer de la Toifon. Voilà le fait hiftorique, & tout le
merveilleux que les Poètes y ont ajouté,
vient de l'idée reçue par les beaux efprits
des fiècles de Périclès & d'Augufte, que
le langage froid de la vérité & de la raifon
n'eft point fait pour l'épopée.

Cherchons maintenant dans le cahos

de faits que nous a laissé l'antiquité sur la double expédition des Argonautes, ceux qui caractérisent le voyage Grec exécuté seulement 69 ans avant l'incendie de Troye.

Cette dernière expédition eut pour chef l'Alcibiade de la Thessalie, le jeune Jason, qui, blasé sur les beautés dociles de la Grèce, voulut, sans doute, varier ses jouissances, en enlevant quelques-unes des beautés Sauvages de la Colchide. La Toison d'or vint fort à propos entourer de quelques rayons de gloire ces myrthes de l'amour qu'il se proposait de cueillir. Ce héros des femmes ne fait rien de merveilleux que par elles ; Junon, dont il se fait aimer, le protège ; Médée, qu'il séduit, lui applanit tous les obstacles à sa conquête, lui remet le trésor de Phryxus entre les mains, & sans elle, il n'y aurait point eu d'expédition de la Colchide.

Jason, ainsi caractérisé, était peu fait pour être mis en parallèle avec l'Hercule Thébain ; aussi fut-il jaloux de lui, &

dès qu'il put le paraître fans péril ,
il eut la lâcheté de l'abandonner fur le
rivage.

C'eft vraiment pour cette expédition
de l'Alcibiade de la Theffalie, qu'on conf-
truifit , au pied du Pélion , d'après les
idées Phéniciennes , un vaiffeau qui , au
rapport de Diodore , furpaffait , par fa
grandeur & par fon appareil , tous ceux
qu'on avait vus jufqu'alors dans les mers
du Péloponèfe : on voit qu'un tel vaiffeau
n'était pas fait pour être porté au travers
des montagnes, fur les épaules des Argonautes, comme on le prétend dans les
récits contradictoires qui n'admettent
qu'une expédition de la Colchide.

Le feul Pilote de ce grand vaiffeau de
Jafon , fut le Phénicien Ancée ; car
Typhis , le premier des navigateurs , au
rapport de toute l'antiquité , appartient
au monde primitif.

L'aventure d'Héfione , qui amena la
prife de Troye , la féduction de la crédule Hypfipile dans l'ifle de Lemnos ,

les diverfes tempêtes qui s'élevèrent dans la Propontide & fur le Pont-Euxin, fe rapportent naturellement à ce fecond voyage des Argonautes.

Il s'agiffait, dans cette expédition, d'enlever, non une toifon d'or, qui n'a jamais exifté, ni la proue dorée d'un vaiffeau, peu faite pour tenter la cupidité, mais une fomme d'or très-confidérable ravie par Phryxus à fon père Athamas ; & l'amour de Médée, plus que la valeur de Jafon, fit le fuccès de l'entreprife.

Il n'y a rien que de naturel dans le ftratagême de Médée, qui fe préfente, la nuit, aux Barbares chargés de la garde du tréfor, leur parle dans leur langue pour s'attirer leur confiance, & à l'inftant que les portes s'ouvrent, y introduit Jafon & fes guerriers, qui s'emparent, prefque fans péril, de la prétendue Toifon, n'ayant eu que la fatigue d'égorger des hommes, au lieu de la peine de les combattre.

Ce voyage de Jafon fe termina comme

il avait commencé, c'eſt - à - dire ſans
merveilles. Le navire Argo ne fut point
porté ſur les épaules des Argonautes,
depuis l'embouchure du Danube, juſqu'au golphe Adriatique, parce que les
Argonautes n'étaient point des Poly-
phêmes & des Encelades ; il ne dirigea
point ſa route vers la mer Septentrionale, pour y obſerver les Philoſophes du
Nord, qui vivent mille ans, & les habitans du Pôle, qui ne voient jamais la
lumière, parce que depuis un grand
nombre de ſiècles, cette route était
fermée pour les navigateurs ; il ne fit
point enfin le tour du monde connu,
en parcourant les mers d'Aſie & d'Afrique, pour rentrer dans la Méditerranée
par le détroit de Gibraltar ; il ſe remit
ſimplement à voguer ſur le Pont-Euxin,
& après avoir eſſuyé quelques orages,
il rentra à demi-fracaſſé dans les ports
du Péloponèſe.

Telle eſt l'idée qu'une critique éclairée
doit ſe former de cette expédition des

Argonautes, dont Jaſon fut le Chef &
Ancée le Pilote, & qui, exécutée par les
Grecs, lorſque le globe était à-peu-près
deſſiné tel qu'il eſt aujourd'hui, ne précéda que de 69 ans le déſaſtre de Troye.

Cette expédition de Jaſon, quoiqu'elle
ait fait naître des fables poétiques, qui
égarent de tems en tems le peuple des
Hiſtoriens, eſt faite pour piquer la cu-
rioſité du Philoſophe par un fait ſin-
gulier qui regarde l'Hiſtoire du Ciel.
C'eſt pendant ce voyage des derniers
Argonautes, que l'Aſtronome Chiron,
combinant la marche du globe avec le
mouvement inſenſible des étoiles, s'apperçut que l'équinoxe du printems était
au milieu de la conſtellation du Bélier;
obſervation de la plus grande importance
pour régler la théorie de notre monde
planétaire, & qui, combinée avec celles de
Méton & d'Hypparque, ſuffit plus de trois
mille ans après, pour faire découvrir à
l'immortel Newton la révolution des
vingt-cinq mille neuf cents années que

l'axe de la Terre fait autour du Pole, &
qu'on appelle la période de la précession
des équinoxes.

D'ORPHÉE,

UN DES PREMIERS ARGONAUTES

DE L'EXPÉDITION DE JASON.

Trois hommes célèbres furent l'ame de l'expédition faite par les Grecs dans la Colchide. Jason, l'Hercule Thébain & Orphée. Nous nous sommes étendus sur Jason, & nous réservons à l'histoire de Médée le dernier coup de pinceau que nous avons à jetter sur ce personnage. L'Hercule Thébain était bien plus digne de fixer nos crayons que le Pâris de la Thessalie; mais nous avons épuisé toutes les traditions sur ce fameux bâtard d'Alcmène dans nos annales du monde primitif; & ce que nous y ajouterons sera bien mieux placé dans l'histoire de la Monarchie de Thèbes, qui va bientôt nous occuper. Il nous reste à parler d'Orphée, un des Sages de l'antiquité dont la phyſionomie a le plus de rapport avec celle de Socrate. Nous nous y arrêterons d'autant plus volontiers, que ce fameux Argonaute eſt preſque le ſeul individu de ſa nation qui mérite un chapitre particulier dans l'Hiſtoire des Hommes ; quant à ſa patrie, qu'il tenta vainement de faire ſortir des fanges de la barbarie, nous n'en parlerons qu'à l'époque où les dominateurs du monde en ont fait la conquête.

Il y a un peu plus de trente ſiècles qu'Orphée donna aux Thraces errans & antropophages, des mœurs, des loix & une religion (*a*).

L'Egypte, de ſon tems, ſemblait le

______

(*a*) On peut le conjecturer du moins, par ce paſſage d'Horace :

Sylveſtres homines , ſacer interpreſque deorum ,
Cædibus & fœdo victu deterruit Orpheus ,
Dictus ob hoc lenire tigres rabidoſque leones.

Horat. *de arte poëtica.*

foyer des connaiſſances humaines ; il s'y rendit , lut les livres d'Hermès , ſe fit initier dans les myſtères d'Iſis (*a*) , & revint en Grèce créer ſa patrie.

On a dit de ce grand homme , qu'il ſavait avec ſa lyre apprivoiſer les tigres : cela ſignifie , pour le philoſophe , qu'il fit dériver la morale , de l'harmonie des êtres intelligens , & que les Thraces ayant goûté cette harmonie , de tigres qu'ils étaient , devinrent des hommes.

Orphée , initié dans les myſtères de la phyſique , devait paraître opérer des merveilles ; il eſt probable , par exemple , qu'il ſut , par l'étude des ſimples & de la machine humaine , tirer Euridice d'une maladie jugée mortelle , & qu'il ne la reperdit , que pour avoir voulu en jouir , avant d'avoir affermi ſa convaleſcence ; évènement qui a donné lieu d'imaginer cette deſcente d'Orphée aux enfers , con-

---

(*a*) Diod. Sicul. lib. 1.

facrée à jamais par la mufique de Gluck & par les vers de Virgile.

La tradition philofophique nous apprend que ce grand homme était le meilleur Aftronome de fon tems , que le vrai fyftême planétaire ne lui était pas totalement inconnu , & qu'il avait même écrit fur la pluralité des mondes (*a*).

On voit combien , avec des connaiffances qui le rendaient fi fupérieur au refte des Argonautes , il dut leur être utile dans leur expédition de la Colchide. Il eft probable que , verfé dans l'aftronomie nautique , il preffentait l'approche des orages , & pouvait en calculer le terme ; mais comme il avait affaire à des guerriers ignorans & crédules , qu'on ne pouvait mener qu'avec la baguette des prodiges , il leur laiffait croire que le calme des mers, qui s'opère fi naturelle-

___

(*a*) Plutarch. *de placit. philofoph.* lib. 2 , & Stobei. *Eclog. phyf.* lib. 1.

ment à la suite d'une tempête , venait de l'intervention extraordinaire des Dieux de la Samothrace.

S'il en faut croire les enthousiastes d'Orphée , ce grand homme , coupable d'avoir révélé les mystères à des profanes , fut frappé d'un coup de foudre (*a*) ; ce même prodige fut répété dans la suite par les Grecs , quand ils voulurent expliquer le naufrage d'Ajax , & par les Romains , quand ils voulurent justifier le meurtre de Romulus.

Il est bien plus vraisemblable que les femmes de la Thrace , irritées de ce que leurs maris les abandonnaient pour suivre leur législateur , conspirèrent contre lui , s'enivrèrent pour suppléer , par l'effervescence du sang , à l'absence du courage , & assassinèrent lâchement l'homme à qui elles devaient des autels.

Outre son poëme des Argonautes ,

(*a*) Pausanias , lib. 9.

Orphée compofa beaucoup d'ouvrages que le tems a peu refpeétés : fes hymnes même, qu'on récita fi long-tems à Athènes, à l'ouverture des myftères, font des monumens dont on contefte l'authenticité (*a*).

Le régime diététique qu'il donna aux Thraces eft très-célèbre, foit à caufe de fon auftérité, foit parce qu'il précéda d'un grand nombre de fiècles le Pythagorifme : il ordonna à fes concitoyens d'être frugivores : il leur interdit jufqu'à l'œuf, parce qu'il le regardait comme l'origine de la poule, & dans un fyftême plus étendu,

---

(*a*) On les a attribuées, tantôt à un Onomacrite, contemporain de Pififtrate, tantôt à un Pythagorien nommé Cercops. Plutarch. *de placit. philofoph.* lib. 2. — Aucune de ces opinions n'eft prouvée : il eft difficile de percer la nuit profonde qui environne ce point de critique. — Henri Etienne a donné, fous le nom de *Poëfis Philofophica*, le Recueil des vers qu'a fait Orphée, & des vers qu'on lui attribue.

comme le principe des êtres (*a*). Ce régime connu fous le nom de *vie Orphique*, contribua, autant que fes loix, à adoucir les mœurs Grecques, & à infpirer aux Thraces de l'horreur pour répandre le fang des hommes.

Orphée, fupérieur par fon génie à fes contemporains, fut regardé comme un homme infpiré ; mais il ne fe donna point pour tel : & voilà pourquoi le Philofophe Celfe ofa propofer à l'Europe de le prendre pour fon légiflateur.

La tolérance fut la bafe de la morale d'Orphée, & c'eft en l'adoptant, que les antropophages de la Thrace devinrent les hommes de la nature.

Le théifme de ce légiflateur n'eft point un problême : Orphée, fur ce fujet, a des idées auffi fublimes que Marc-Àurèle : il a même ofé les mettre en vers,

---

(*a*) Plutarch. *Conviv. fapient.* édition de H. Etienne, pag. 276.

& jamais la poéfie ne mérita mieux qu'a-
lors le nom de langage des Dieux.

Les vers fuivans donneront peut-être
quelqu'idée de ce monument précieux de
l'antiquité :

Ce dieu, peuple du Nil, qui règne fur tes maîtres,
Eft lui feul la racine, & la tige des êtres ;
Sa main foutient le ciel, la terre & les enfers ;
La matière & l'efprit partagent fon effence ;
Il unit les anneaux de cette chaîne immenfe
Qui de l'aftre à l'atome embraffe l'Univers ;
De l'être organifé fa voix produit le germe.
Il en eft le principe auffi bien que le terme ;
Le fage de Memphis l'apperçoit tour à tour
Dans le flambeau des nuits, & dans l'aftre du jour ;
La terre, de fon fein déployant la parure,
L'onde qui rafraîchit l'émail de la verdure,
Le feu qui de nos fens entretient la vigueur,
Tout aux yeux éclairés peint un premier moteur :
Dieu vient comme un époux feconder la nature ;
Il s'annonce aux ingrats, mais en les foudroyant ;
Il parle, & fes décrets font paffer, fans murmure,
Ou du néant à l'être, ou de l'être au néant (a).

(a) Ζεὺς πρῶτος γένετο Ζεὺς ὕστατος ἀρχικέραυνος
Ζεὺς κεφαλή Ζεὺς μέσσα Διὸς δ' ἐκ πάντα τέτυκται.

Le peuple, les conquérans, & le tems,
plus deſtructeur encore, mêlèrent des
abſurdités à l'ancienne théogonie d'Orphée (car il faut bien qu'à la longue
toutes les inſtitutions humaines s'altèrent,
en paſſant par l'imagination des êtres
changeans qui nous les tranſmettent) ;
mais le théiſme, qu'elle conſacre, ſe
conſerva pluſieurs ſiècles, dans la célébra-
tion des myſtères, avec toute ſon inté-
grité ; & ſi la doctrine annoncée dans ces
myſtères avait été publique, la Grèce

Ζεὺς πυθμὴν γαίης τε κ̀ οὐρανοῦ ἀστερόεντος.
Ζεὺς ἄρσην γένετο, Ζεὺς ἄμβροτος ἔπλετο νύμφη.
Ζεὺς πνοιὴ πάντων, Ζεὺς ἀκαμάτου πυρὸς ὁρμή.
Ζεὺς πόντου ῥίζα. Ζεὺς ἥλιος, ἠδὲ σελήνη.
Ζεὺς βασιλεύς. Ζεὺς ἀρχὸς ἁπάντων ἀρχιγένεθλος.
Πάντας γὰρ κρύψας αὖτις φάος ἐς πολυγηθὲς.
Ἐξ ἱερῆς κραδίης ἀνενέγκατο μέρμερα ῥέζων.

Fragment d'Orphée cité dans la fameuſe lettre
d'Ariſtote à Alexandre ſur le ſyſtéme du monde,
cap. 7, art. 1.

Bien des critiques prétendent que ce qui nous
reſte des hymnes d'Orphée, eſt d'une main étran-

n'aurait point eu à se reprocher la mort de Socrate.

---

gère ; mais qui aurait pu supposer un morceau aussi éloquent que celui que je viens de traduire ?

D'UNE AUTRE EXPÉDITION

D E

LA COLCHIDE,

EXÉCUTÉE PAR UN PEUPLE DU

MONDE PRIMITIF.

Nous avons vu l'histoire du voyage de la Colchide, entrepris sous les auspices de Jason, de l'Hercule Thébain & d'Orphée : mais quand on lit, avec la sagacité philosophique, la narration combinée des Historiens & des Poètes, telle que l'antiquité nous l'a transmise, on ne peut s'empêcher d'y reconnaître les traces d'un voyage antérieur, infiniment plus célèbre, & que la vanité Grecque a osé confondre avec la petite expédition de pirates, exécutée par le séducteur pusillanime des Médée & des Hypsipile.

L'idée de ce voyage antérieur, toute neuve qu'elle eft, n'a rien de paradoxal : on verra bien-tôt fa prodigieufe fécondité : elle réfout une multitude de problêmes que nous nous obftinions à regarder comme infolubles ; elle répand le plus grand jour fur les origines de la Grèce, & fur la géographie des premiers âges.

Quelques-uns de nos garans, il eft vrai, font des Poëtes : mais nous fommes bien éloignés d'adopter tous les contes dont ils ont embelli ce premier voyage : prefque tous les faits fe font altérés en prenant la teinte de leur imagination ; cependant ces faits exiftent, & c'eft à nous à preffentir, fous l'écorce des fables, le noyau de vérité qu'elle enveloppe.

Il faut brûler tous les livres de l'antiquité, ou avouer qu'il y a eu une expédition des Argonautes, qui a fait époque dans l'hiftoire du globe. C'eft celle qui a fourni la matière de cinq Poëmes épiques,

& il ferait bien abfurde de prendre pour cette expédition, à jamais mémorable, la petite navigation fur le Pont - Euxin, exécutée par un pirate efféminé, qui allait enlever l'or de Phryxus & les femmes de la Mingrélie.

Ce grand voyage, grace à la préfomption des Grecs, s'eft fondu peu-à-peu avec la petite courfe maritime de Jafon : mais il eft aifé de l'en féparer, à caufe des grands traits qui le caractérifent.

Il me paraît démontré que la première expédition des Argonautes, eut pour objet de reconnaître le continent de l'Europe, à l'époque où il commençait à s'élever au deffus des eaux. Ce voyage était pour le monde primitif, ce qu'a été pour Colomb la découverte de l'Amérique, & pour le généreux Cook, la navigation autour des terres Auftrales.

S'il eft vrai que le nom du navire Argo vienne du Phénicien *Arco*, qui défigne le vaiffeau long, deftiné aux voyages de long cours, rien n'empêche que l'expédition des âges primitifs , ainſi que celle de Jaſon , n'ayent pu être connus également ſous la dénomination d'expédition des Argonautes.

Nous avons vu dans l'hiſtoire des Phéniciens, que ce peuple induſtrieux , qui échangeait ſes lumières contre l'or des nations , était lui-même dépoſitaire d'une partie des connaiſſances de ces hommes antiques , que le défaut de monumens nous a forcés d'appeller Atlantes ; c'était d'eux , ſur-tout , qu'ils tenaient les premiers élémens de l'art de naviguer , & il n'eſt pas étonnant qu'avec leur aſtronomie nautique , ils ayent conſervé une partie de leur grammaire.

Tout me porte à croire que l'hiſtoire de cette première navigation fut écrite ou du moins traduite originairement en Phénicien. On voit que les Poëtes Grecs qui voulurent relever les héros ſubalternes du ſiècle de Jaſon , abuſèrent de l'équivoque des termes de cette langue , pour donner quelque baſe à leurs fables Mytho-

logiques. Comme le mot Syrien *gazath*
fignifie en même-tems un tréfor & une
toifon , ils inventèrent le conte de la
Toifon-d'or. Le terme *faur*, qui défigne
à-la-fois un rempart & un taureau, fit
naître l'idée du taureau vomiffant des
flammes , qui fervait de rempart contre
les raviffeurs du tréfor. Enfin , le mot
Nachas, qui fert également à exprimer
de l'airain & un dragon , conduifit à la
fable du ferpent aîlé , que le chef des
Argonautes endormit pour s'emparer
impunément de la toifon (*a*). Toute
cette hiftoire , dépouillée de fon enveloppe hyéroglyphique , fignifie fimple-
ment qu'il y avait une groffe fomme d'or

(*a*) Toute cette interprétation étymologique
eft de Bochart, l'homme de fon fiècle le plus
verfé dans les langues orientales. Voyez fon
Phaleg. lib. 4 , cap. 31 ; quand en parlant de
deux routes auffi oppofées, le Grammairien &
le Philofophe fe rencontrent , il faut qu'ils aient
doublement raifon.

renfermée dans un port de la Colchide ; qu'un navigateur audacieux trouva le moyen d'assoupir la vigilance des soldats couverts d'airain, qui étaient préposés à sa garde, & qu'ensuite il s'empara de la forteresse, malgré les feux qu'on lui lançait du haut des murailles Quand on a la patience de lire dans cet esprit philosophique les anciens contes de la Mythologie, & les rapsodies alchymiques qui traitent du grand œuvre, on rencontre çà & là quelque vérité qui dédommage de l'ennui que tant d'absurdités frivoles causent à la raison.

J'ai parlé de rapsodies alchymiques à propos des Argonautes, & je m'éloigne moins de mon sujet qu'on ne pense. Suidas, & Eustathe dans ses notes sur Denys le géographe, ont écrit sérieusement que Jason alla en Colchide pour chercher le grand-œuvre ; le trésor qu'on y gardait avec tant de soin, était, disent-ils, un livre précieux qui apprenait à convertir en or les métaux ; & comme ce livre était écrit fur une membrane de bélier, on l'appella la Toifon d'or. Affurément les Grecs, du fiècle de Jafon, étaient trop ignorans pour expofer leur vie, dans le deffein de conquérir un livre. Mais cette tradition a pu naître de la trace profonde que le voyage des Argonautes primitifs avait laiffée dans la mémoire des hommes. Ce voyage était fi mémorable, que les Poètes y ont trouvé la matière de cinq Odyffées; & les Paracelfes du moyen âge, l'apologie de leurs rêveries fublimes fur le grand-œuvre.

Nous avons vu dans les origines de la Grèce, par quelle gradation infenfible l'Afie mineure & le Péloponèfe, partagés à leur naiffance en divers archipels, fe réunirent en deux grandes ifles, pour faire enfuite partie, l'un du continent de l'Afie, & l'autre du continent de l'Europe. Les hommes primitifs voyant de tous côtés la nature s'aggrandir fous leurs pas, dûrent fonger de bonne-heure à reconnaître l'étendue de leur empire :

à peine la navigation commença-t-elle à prendre chez eux fon effor , qu'ils trouvèrent des Colomb qui allèrent à la découverte des mondes , & la première tentative heureufe en ce genre , donna naiffance à l'hiftoire des Argonautes.

Un homme célèbre préfida à cette expédition mémorable ; c'eft l'Hercule oriental , dont Sanchoniaton a été l'Hiftorien , & que Diodore fait antérieur de cent fiècles au fils adultérin d'Amphytrion (*a*).

Nous avons ailleurs épuifé nos crayons fur ce premier Hercule , le héros de la famille d'Ouranos (*b*) , & quand on rapproche les détails raffemblés fur fa perfonne , des idées que nous avons jettées fur la plus mémorable des expéditions des Argonautes , il eft difficile de ne pas reconnaître que lui feul put en

---

(*a*) Lib. 1 , cap. 13.

(*b*) *Hiftoire des Hommes* , partie ancienne , tome 3 , pag. 38.

être l'ame : ce n'eſt point au bâtard d'Alcmène, & encore moins à ce Jaſon, le ſéducteur puſillanime de toutes les femmes, que conviennent les luttes contre les géans à ſix bras, le tranſport d'un vaiſſeau ſur les épaules au travers des montagnes, & tous ces exploits merveilleux de Paladins, dont les Homère des Argonautes font honneur au chef de l'expédition de la Colchide ; il eſt très-évident qu'il s'âgit ici des mœurs & des héros des premiers âges. Le judicieux Diodore donne à cet égard des principes de critique, que le ſiècle qui s'honore le plus du nom de philoſophique, doit ſe faire gloire d'adopter (a). » Les Grecs, dit » cet Hiſtorien, ont tort de transférer à » l'Hercule qu'ils ont vu naître, les exploits » & la gloire de l'autre. Ils aſſurent, par » exemple, que le fils d'Alcmène dé-

_____

(a) *Diod. Sicul.* lib. 1, cap. 13 ; ce texte, très-long dans l'Hiſtorien, n'eſt ici qu'en analyſe.

» fendit Jupiter contre les géants, mais
» il ne pouvait y avoir de geants vers
» l'époque de la prife de Troye. Les
» monftres dont ils prétendent qu'il a
» purgé la terre, n'ont pu auffi paraître,
» dans un tems où des villes puiffantes
» étaient habitées par des peuples civili-
» fés. Les armes feules qu'on lui donne,
» telles que fa maffue, annoncent les
» fiècles reculés où il a fleuri. Alors les
» armes offenfives & défenfives n'avaient
» pas encore été inventées, & les hom-
» mes ne luttaient entre eux qu'avec des
» bâtons. Ces bâtons avaient fuccédé,
» fans doute, aux armes de la nature «.

Le pilote de ce voyage maritime de l'Hercule oriental, fut Typhis, fi connu dans l'antiquité, pour avoir été le premier navigateur (*a*). L'hypothèfe Grecque

***

(*a*) Le Poète, qui a fait parler Médée fur la fcène de Rome, s'exprime ainfi fur Typhis dans le monologue qui ouvre fa Tragédie :

Lucina . . . . quæ domitorem freti,
Typhin novam frænare docuifti ratem.

qui le place dans le vaisseau de Jason, offre trop d'absurdités à dévorer. Comment oserait - on dire que le premier homme qui dompta les mers, ne parut qu'environ un demi-siècle avant la prise de Troye; tandis que les marins étaient de tems immémorial dans l'usage de prendre la hauteur du pôle; que l'Isis, si révérée en Egypte, passait pour avoir fait la découverte des voiles, & que les Phéniciens étaient regardés en Europe, comme la tige des colonies qui avaient peuplé le Péloponèse?

Ce Typhis, qui s'était fait une patrie nouvelle sur un élément qu'il avait subjugué, ne pouvait être né que dans le sein des mers, suivant la logique des Poètes : aussi est il nommé fils de Neptune, dans l'Odyssée d'Onomacrite.

Et dans un chœur du second acte :

Ausus Typhis pandere vasto,
Carbasa ponto, leges que novas
Scribere ventis.

On ne s'attend pas, fans doute, que nous donnions une interprétation fuivie de toutes les vifions des premiers Argonautes, dans leur route périlleufe fur le Pont-Euxin. Ce bélier à toifon-d'or qui a des aîles & qui parle ; ce navire qui rend des oracles, ces géants à fix bras qui s'oppofent à la defcente des héros, ces oifeaux de l'ifle d'Ares qui lancent leurs plumes en qualité de flèches ; toutes ces merveilles, dis-je, d'une imagination exaltée, peuvent plaire dans un chant de l'Ariofte, mais non dans une hiftoire des hommes.

Ce n'eft pas qu'avec l'efprit interprétatif des Bailly & des Gébelin, il ne nous fût très-aifé d'expliquer, finon d'une manière vraie, au moins d'une manière ingénieufe, la plupart de ces rêveries des Mythologiftes. Par exemple, le fameux bélier qui porte Phryxus fur fon dos au travers des mers, pouvait être, comme l'infinue Diodore, un vaiffeau ayant un bélier à fa proue ; la toifon d'or défignait le tréfor enlevé à Athamas ; il avait des aîles à caufe des voiles qui lui fervaient à voguer fur les flots ; on a dit auffi qu'il parlait, mais c'eft dans le fens, fuivant lequel on a fait parler le cheval de Troye, c'eft à-dire, en rapportant au vaiffeau le langage des héros qui y étaient renfermés.

Toutes ces explications font fi aifées, elles s'adaptent fi également à tous les fyftêmes, que le critique judicieux doit s'en défier ; de plus qu'importe à la grande queftion que nous ofons traiter, l'interprétation des contes Orientaux, qui ne tiennent pas évidemment à l'un des deux voyages de la Colchide ? Hâtons-nous d'arriver aux preuves directes de notre conjecture philofophique fur la navigation mémorable des Argonautes du monde primitif.

Une de ces preuves, dont rien ne faurait affaiblir la force, vient de l'état du globe à l'époque infiniment reculée où l'Hercule oriental, après avoir reconnu les ifles de l'Afie mineure & du Péloponèfe, fit le tour du monde connu, pour revenir à l'antique métropole du Caucafe.

Nous avons vu dans la relation d'Onomacrite, que le navire Argo, après fon expédition à Colchos, entra par les Palus-Méotides dans la mer feptentrionale, fit le tour de l'Afie & de l'Afrique, & rentra en Europe par le détroit de Gibraltar. Cette navigation hardie, jugée impoffible par le peuple de nos Géographes, découle naturellement de notre théorie fur le monde primitif, & met le fceau de l'évidence à la diftinction des deux voyages des Argonautes.

Au refte, quoiqu'Onomacrite, ainfi que les chantres d'Enée & d'Achille, ait bâti fon poëme fur une tradition authentique, cependant, comme le mot de poëme pourrait donner quelque défiance à la raifon éclairée du dix-huitième fiècle, il n'eft point inutile d'obferver que cette partie de l'Odyffée des premiers Argonautes, qui révolte nos Buache & nos Danville, eft juftifiée par les monumens les plus facrés de l'hiftoire (*a*).

Pour entendre parfaitement ce premier voyage autour de notre continent, il faut fe rappeller notre théorie du globe, & avoir fous les yeux la carte du monde primitif.

L'Europe n'a pas toujours été jointe à l'Afie : il y a une époque inacceffible aux recherches de la chronologie, où le Pont-Euxin communiquant d'un côté à l'Océan feptentrional, & de l'autre à la mer Cafpienne, formait de cette vafte région une ifle ifolée au fein des mers ; nous avons épuifé à cet égard toutes les preuves tirées de la phyfique & des monumens littéraires, quand nous avons jetté les fondemens de l'Hiftoire des Hommes.

Le globe étant figuré fuivant la projection de notre carte philofophique du

____

(*a*) En particulier par Scepfius & par Mimnerme, deux Ecrivains de poids cités par Strabon. *Géograph.* lib. 1, pag. 46.

monde primitif , le voyage des anciens Argonautes , inexplicable dans tous les fyſtêmes vulgaires , découle naturelle- ment de nos idées, & en devient à ſon tour une preuve nouvelle. Examinons dans cet eſprit la tradition Orientale , fur le plus ancien des voyages connus autour du monde.

PÉRIPLE

D E

L'HERCULE ORIENTAL,

OU HISTOIRE DE SON VOYAGE

AUTOUR DU MONDE.

LE Caucafe, dont tant de monumens font la métropole des hommes primitifs, étend fes branches du côté de l'Arménie, de l'Albanie & de l'Ibérie prefque jufques fur les rives du Pont-Euxin ; le Phafe même, le premier des fleuves de la Colchide, y prend fa fource ; le peuple indigène du Caucafe put donc, de la cîme de fes rochers, voir fe former autour de lui les ifles diverfes de l'Afie mineure, du Péloponèfe & de la Colchide, & defirer d'y étendre fes colonies.

L'Hercule Oriental partit du pied du

Caucase, sur un frêle navire construit pour naviger soit à l'aide des rames, soit à l'aide des voiles ; & voici son Périple, qui, d'après les idées jettées dans le cours de cet Ouvrage, a presque l'authenticité de celui de Hannon, l'Amiral de Carthage.

Comme l'Asie mineure, à cette époque, ne tenait point à la terre ferme, nos navigateurs purent la côtoyer ou par le Nord, ou par le Midi ; il est probable qu'ils dirigèrent leur course du côté du Midi, & par conséquent qu'ils préférèrent la route de la Méditerranée à celle du Pont-Euxin.

Le navire Argo, lancé à la mer au pied du Taurus, qui est une des branches de la grande chaîne du Caucase, partit donc du fond du golphe de la Cilicie, se fraya une route au travers des isles de Chypre & de Crète, qui probablement n'existaient alors que par les pics de leurs montagnes, & trouvant toujours une mer libre, firent le tour de l'Asie mineure,

& entrèrent dans la mer Egée, vers le tems de la naiſſance de ſon archipel.

Il arriva alors, au peuple du Caucaſe, ce qui eſt arrivé de nos jours aux nations Européennes, qui, imaginant un vaſte continent auſtral deſtiné à faire l'équilibre du globle, ont envoyé de hardis navigateurs pour en faire le tour & augmenter, par leurs découvertes, la maſſe de nos connaiſſances. Le réſultat des deux voyages a été le même ; nous avons vu l'Archipel auſtral prendre la place d'un Continent imaginaire, & l'Hercule Oriental, le Cook de ſon ſiècle, prouva, à ſon retour au Caucaſe, qu'on pouvait faire le tour de l'Aſie mineure & du Péloponèſe.

La navigation dans la mer Egée, qui commença, ſuivant nos principes, le grand voyage des Argonautes, eſt confirmée par un texte d'Onomacrite, qui fait d'abord côtoyer à ſes héros les rives de la Magnéſie & de la Macédoine.

L'iſle de Lemnos eſt à cette hauteur.

Le même Ecrivain dit qu'une tempête y retint, pendant un mois, les Argonautes. Le Pilote Typhis avait jugé, d'après une routine conjecturale, que des vents impétueux qui commencent à souffler le quatrième de la lune, ne doivent s'appaiser qu'au bout de trente jours. Cette erreur, toute abfurde qu'elle eft, nous prouve que même au berceau de la navigation, on commençoit à calculer les influences du Satellite de la terre fur la durée des vents, fur le phénomène des marées, & fur d'autres objets de l'Aftronomie nautique.

Hercule, avant d'aborder dans la Troade, relâcha dans une ifle Electride, qu'on ne trouve plus aujourd'hui : fi Onomacrite n'a pas travaillé fur des mémoires infidèles, il faut fuppofer que cédant à l'effort de la mer qui pefait fur fes rivages, ou peut-être déchirée par les fecouffes d'un tremblement de terre, elle aura eu le fort de l'Atlantide.

Les géans, que les Argonautes eurent à combattre dans la Propontide, tiennent au voyage de l'Hercule Oriental : nous avons vu qu'à cette époque les hommes plus voisins de la Nature devaient, par leur taille coloſſale, par l'énergie de leurs organes, & même par la vigueur de leur intelligence, l'emporter ſur la race dégénérée & vaine qui s'amuſe aujourd'hui à mettre leur exiſtence au rang des problêmes.

C'eſt en entrant dans le Pont-Euxin, que le vaiſſeau d'Hercule éprouva les plus grands dangers ; le peu de largeur du détroit, la barrière que les iſles Cyanées oppoſaient à la navigation, les tempêtes fréquentes dans ces parages, tout ſemblait fait pour le décourager. L'Auteur de la Tragédie Romaine de Médée fait alluſion à ces anxiétés des premiers Ar-gonautes, dans des vers pleins de force, quoique tenant un peu du génie décla-mateur du Poëte.

» Le vaiſſeau des Argonautes a franchi

» les barrières qui féparaient les mondes;
» il a fait blanchir la mer fous les coups
» des avirons (*a*), & a augmenté nos
» terreurs, en joignant aux dangers de la
» terre que nous foulons, ceux d'un autre
» élément. Mais il en a été affez puni
» par les fatigues & les angoiffes de la
» plus périlleufe des navigations. Quelles
» furent fes allarmes quand il s'élança
» entre les ifles Cyanées, qu'il les vit
» ébranlées comme par les éclats du
» tonnerre, & que la mer fe partageant
» en montagnes humides , femblait
» réunir fes flots avec les nuages ? Typhis
» en pâlit d'effroi, & fa main chancelante
» abandonna le gouvernail; Orphée fit
» taire les cordes de fa lyre, & le navire

(*a*) Je ne doute pas que le Poëte ne faffe ici
allufion au délire de Xerxès qui fit frapper de
verges le Pont-Euxin : le vers latin a bien de
l'énergie :

Juffit pati verbera pontum.

„ lui - même cessa de rendre des ora-
„ cles (a) ".

Hercule , jetté au milieu du Pont-
Euxin , trouva une mer libre , jusqu'à cette
isle d'Arès, dont les oiseaux lançaient leurs
plumes contre les Argonautes. Diodore ,
plus proche que nous de dix-sept siècles
de la tradition antique sur laquelle est
fondée ce conte Oriental , prétend qu'il
ne s'agit ici que des flèches emplumées
dont les insulaires accablèren les com-

(a) *Bene dissepti fœdera mundi*
Traxit in unum Thessala pinus ,
Jussit que pati verbera pontum ;
Partem que metus fieri nostri
Mare sepositum. Dedit illa graves
Improba pœnas , per tam longos
Ducta timores : cum duo montes
Clauftra profundi , hinc atque illinc
Subito impulfu , velut œtherio
Gemerent sonitu : spargeret astra
Nubes que ipsas mare deprensum.
Palluit audax Typhis & omnes
Labente manu misit habenas ;
Orpheus tacuit torpente lyrâ ;
Ipsa que vocem perdidit Argo.

Voy. *Med.* Act. II. Scen. IV.

pagnons d'Hercule (*a*). Cette ifle d'Arès
a eu le fort de l'ifle Electride , & elle
n'exifte plus.

L'expédition d'Hercule dans la Colchide, bornée, comme nous l'avons vu ,
au pillage de quelques tréfors amoncelés
par des pirates , n'était probablement
qu'un prétexte pour faire des découvertes ;
auffi le navire Argo , au lieu de cingler
droit au pied du Caucafe , dont il était
parti, prit une autre route, dont le fuccès
feul pouvait juftifier l'audace.

Ici la tradition orientale fe partage ,
& les Ecrivains que nous prenons pour
guide font errer de quatre côtés différens
le vaiffeau d'Hercule.

Telle eft la fécondité de notre grand
principe fur la Géographie du monde
primitif, que la manière dont le globe
était deffiné à cette époque , rend vrai-
femblables les quatre routes différentes,
par lefquelles Hercule , après fa navi-

(*a*) *Diod. Sicul.* lib. 4.

gation fur le Pont-Euxin, revint au pied du Caucafe. Comme il pourrait fe faire que réellement les quatre voyages euffent été exécutés à diverfes époques par des héros que l'antiquité honorait également du nom d'Hercule, nous allons tracer la route des Argonautes, fuivant les quatre relations, réfervant pour la dernière celle d'Onomacrite, qui fe concilie le mieux foit avec la raifon, foit avec le caractère du premier des Hercules.

Hécatée de Milet, Hiftorien de poids, que nous connaiffons par les analyfes de Strabon le Géographe, fait remonter le Phafe aux Argonautes, les conduit dans cette partie de l'Océan Oriental, qui, par la retraite graduée des eaux, eft devenu le petit lac de la mer Caf-pienne, & après leur avoir fait côtoyer l'Egypte, les ramène par la mer de Tof-cane, dans le Péloponèfe.

L'infpection de notre Carte Philofo-phique du monde primitif fuffit pour juftifier cette partie du Périple d'Hercule.

Il fut un tems où la mer Caspienne communiquait soit par le Phase, soit par le Tanaïs au Pont-Euxin.

La jonction par le Tanaïs n'est plus un problême, depuis que les Russes ont fourni aux lumières des Géographes, cette partie de leur vaste Empire ; on sait maintenant que ce fleuve, dont l'embouchure forme le fond du grand golphe Oriental de l'Euxin, s'approche à la simple distance de 18 milles du Volga, qui se décharge dans la mer Caspienne (a). Les deux fleuves occupent aujourd'hui le lit de l'antique canal qui unissait les deux Méditerranées, & le peu d'élévation des terres vers ces limites de l'Europe & de l'Asie, donne à cette conjecture heureuse le sceau de l'évidence.

La jonction par le Phase semble un peu plus difficile, à cause de la chaîne

______

(a) *Géograph. Univers.* de Busching, tome 2, pag. 79.

du Caucafe, efpèce de barrière que la Nature femble avoir placée dans la contrée intermédiaire,pour empêcher les deux baffins de fe confondre ; mais on fait auffi que les gorges de cette montagne primitive ouvrent un paffage aux fleuves ; l'Euphrate la perce près du défilé, connu fous le nom de Pas de Nushar (*a*) ; le Terki en fait autant au détroit de Tatar-Topa (*b*), & l'analogie feule fuffirait pour empêcher de mettre la jonction des deux mers, par le Phafe, au rang des paradoxes.

Je me hâte d'arriver aux preuves directes de l'opinion d'Hécatée de Milet. Le Phafe, ainfi que les mers, a fubi de grandes révolutions ; ce fleuve, que de petits navires ofent à peine remonter vers fon embouchure, portait, au fiècle

____

(*a*) *Géographie ancienne* de Danville, tome 1, pag. 106.
(*b*) *Ibid.* pag 120.

de Pline (*a*), des vaisseaux de guerre à quarante milles au-dessus du Pont-Euxin, & par conséquent, au tems de l'Hercule Oriental, pouvait inonder, de ses eaux surabondantes, la partie la moins élevée de la Colchide, de l'Ibérie & de l'Albanie, qui séparent le Pont-Euxin de la mer Caspienne. Pour comble de justesse, il se trouve que le Phase coule à très-peu de distance du Cyrus, qui se jette dans la Méditerranée de l'Asie ; ainsi la chaîne du Caucase n'a pu empêcher, à cette hauteur, la navigation des premiers Argonautes.

Toutes les contrées qui séparent la mer Caspienne du Pont-Euxin, conservaient des monumens de ce grand voyage autour du monde. On voyait, sur les bords du Phase, une ville de Tyndaris, bâtie par Castor & Pollux (*b*). Les Albaniens con-

---

(*a*) *Histor. Natur.* lib. 6, cap. 4.
(*b*) Eustath. *in Dyonis.* 686.

fervaient le traité d'alliance fait dans ces premiers âges, avec le Chef des Argonautes (*a*). Armenos, un des Capitaines fous les ordres d'Hercule, fe fépara de lui, après avoir remonté le Phafe à une certaine diftance, & alla fonder le Royaume d'Arménie (*b*).

La fuite du récit d'Hécatée eft juftifiée par notre carte du monde primitif; on voit la route d'Hercule depuis la partie méridionale de la mer Cafpienne, en fuivant le golphe Perfique, jufqu'à la mer Erythrée, que nous nommons mer des Indes. Le navire, peu exercé à fe hafarder dans la haute mer, côtoya l'Arabie, entra dans la mer Rouge, longea l'Egypte qui était alors prefque toute entière fous les eaux, & arrivé à Suez, dont la retraite des mers n'avait pas encore fait

____

(*a*) Strab. *Géohraph.* lib. XI.

(*b*) *Juftin*, lib. 42, cap. 3. Strab. lib. X & XI.

un isthme, se trouva dans la Méditerranée, vis-à-vis le golphe Adriatique, qui, quand on voit le globe en grand, ne paraît qu'une prolongation de la mer Rouge. Les Argonautes, après avoir fait ainsi le tour du continent de l'Asie, rentrèrent dans le Péloponèse, & vinrent faire part de leurs découvertes à leurs concitoyens du Caucase.

La seconde relation est d'Apollonius de Rhodes, & quoiqu'elle trace la route la plus courte, elle semble la moins vraisemblable des quatre. Suivant ce Poète, les Argonautes, au sortir de la Colchide, entrèrent dans une des bouches du Danube, & remontèrent ce fleuve presque jusqu'à sa source ; quand ils virent que le peu de profondeur des eaux faisait échouer toute l'expérience de leur pilote, ils prirent le parti de tirer leur vaisseau sur le rivage, & de le porter au travers d'une vaste chaîne de montagnes, jusqu'au golphe Adriatique.

Il y a dans ce récit une absurdité à

dévorer ; qu'un sauvage du Groënland porte, de glaçons en glaçons, un petit canot formé d'écorces d'arbres, où il ne peut tenir que dans la posture la plus gênante, c'est un fait historique qu'il est difficile de contester ; mais que des hommes, qui n'ont pas la taille de Polyphême, ou de l'Ange de Mahomet, portent sur leurs épaules, au travers des rochers & des précipices, un navire construit suivant les règles de l'art, & qui peut contenir cinquante-quatre guerriers, sans compter les femmes & les esclaves, c'est un de ces contes qu'il faut mettre avec celui de Micromégas qui, après avoir voyagé de planète en planète, se trouvant sur la terre, mit sur son ongle un vaisseau de guerre qui renfermait des Astronomes.

Les difficultés ne sont pas encore épuisées dans la relation d'Apollonius. Les Argonautes, dit ce Poète, rentrés dans le golphe Adriatique, allèrent reconnaître l'isle Electride, qui se trouve à l'embouchure de l'Éridan. Or, nous avons vu dans le voyage d'Onomacrite, qui a un peu plus d'authenticité, que l'isle Electride était située vis-à-vis la Troade ; tout m'indique qu'Apollonius était à-la-fois mauvais Poète, mauvais Historien, & mauvais Géographe.

Après diverses avantures dans les mers d'Italie, les Argonautes sont jettés par une tempête dans les syrtes de l'Afrique. Voyant que la quille de leur vaisseau était à peine mouillée, ils ont recours au même expédient qu'ils avaient imaginé aux sources du Danube, & ils portent leur navire pendant douze jours & autant de nuits jusqu'au lac Tritonide, où ils le remettent à flot : l'idée de ce navire, alternativement portant & porté, peut faire sourire des Poètes, mais ne doit guere trouver grace aux yeux des Philosophes.

Il y a cependant un moyen de concilier avec la raison le récit étrange d'Apollonius : toute cette partie de l'Europe qui s'étend, dans l'espace de dix degrés,

depuis le Pont - Euxin jufqu'à la mer
d'Italie , n'eft point un pays élevé ; on
n'y diftingue que la chaîne de montagnes
qui fert de lifière au golphe Adriatique ,
& qui s'ouvre encore en plufieurs endroits
pour laiffer paffer les fleuves ; il eft hors
de doute qu'à l'époque reculée , dont
l'hiftoire nous occupe , ces vaftes régions
étaient fous les eaux ; alors la navigation
de l'Hercule oriental fe fit tout naturellement par le canal de communication que
la nature avait tracé entre le Pont-Euxin
& les mers d'Italie.

Apollonius a réellement travaillé
d'après cette tradition antique ; mais
trop peu Philofophe pour fuivre la marche de la nature dans les révolutions
fucceffives du globe , il crut la géographie immuable , & pour accorder le
voyage des Argonautes avec les idées que
fon fiècle avait de la furface de l'Europe ,
il fuppofa que ces héros avaient remonté
le Danube jufqu'auprès de fa fource , &
de-là porté leur vaiffeau au travers de la

chaîne de montagnes qui fervait de barrière entre le fleuve & les mers d'Italie ;
ce Poète penfait par-là réconcilier avec la
raifon l'expédition d'Hercule : il ne voyait
pas qu'en donnant fes idées étroites &
pufillanimes aux contemporains des Argonautes, il dénaturait tous les monumens des âges primitifs.

Cette obfervation philofophique doit
s'appliquer à la fuite du récit d'Apollonius. Son Hercule fut jetté par la tempête fur les fyrtes d'Afrique : mais il ne
fut point obligé de porter fon vaiffeau
douze jours & douze nuits, pour le remettre à flot dans le lac Tritonide. A
l'époque de ce voyage mémorable, toute
la partie feptentrionale de l'Afrique, jufqu'à la chaîne de l'Atlas, était fous les eaux :
feulement la navigation en était difficile,
à caufe des écueils & des Archipels qui
s'élevaient de tous côtés dans ces parages ;
les Argonautes né trouvèrent une mer
libre qu'à la hauteur du lac Tritonide,
monument de la retraite de la Médi-

terranée dans un âge intermédiaire , &
qui aujourd'hui n'exiſte plus.

Apollonius conduit ſon héros , encore
chargé du fardeau de ſon navire , au
jardin des Heſpérides , afin d'avoir occaſion de déployer , dans la deſcription de
ce lieu enchanté , toutes les richeſſes d'une
imagination orientale ; la conſtruction de
ce jardin eſt évidemment d'une date poſ-
térieure au premier Hercule. On le voit
à l'orient de la grande Syrte , dans la
pleine de ſables qui règne entre l'Atlas
& la ville de Bérénice. Hercule ne devait en être qu'à une légère diſtance ,
quand la tempête le jetta ſur les bas-
fonds de cette côte. Le Poète ajoute que
les Argonautes , revenant dans la Méditerranée , ſe trouvèrent vis-à-vis de la
Crète , & en effet cette iſle eſt en regard
dans notre carte du monde primitif , avec
le jardin des Heſpérides.

Les Argonautes d'Apollonius termi-
nèrent là leur Odyſſée , & rentrèrent dans
la mer du Péloponèſe.

L'Hiftorien Timée , plus hardi qu'A-
pollonius, mérite cependant plus d'attention , parce qu'il n'a pas gâté , fur les
plans d'un monde moderne , la géographie du monde primitif.

» Plufieurs Hiftoriens , tant anciens
» que modernes (*a*) , entre lefquels Ti-
» mée tient le premier rang , ont dit
» qu'après l'enlèvement de la Toifon-
» d'Or, les Argonautes apprenant qu'Aë-
» tes tenait l'embouchure du Pont-Euxin
» fermée par fa flotte , firent un voyage
» mémorable : car remontant jufqu'aux
» fources du Tanaïs , en traînant leur
» vaiffeau pendant une affez longue route,
» ils fe rembarquèrent fur un autre fleuve
» qui fe déchargeait dans l'Océan : laif-
» fant toujours le continent à gauche, ils
» continuèrent leur navigation du nord
» au couchant, & enfin , arrivés près de

(*a*) Ici je ne ferai que tranfcrire le Sage
Diodore , lib. 4 , cap. 17.

» Cadix, ils pafsèrent de l'Océan dans
» la Méditerranée. Il y a des monumens
» de ce voyage mémorable; on voit le
» long de la mer des Celtes, plufieurs
» rivages qui portent le nom des Argo-
» nautes; on rencontre particulièrement
» fur la côte de Cadix, des traces évi-
» dentes de leur paffage. Suivant les
» mêmes Hiftoriens, ces guerriers renom-
» més, traverfant la mer de Tofcane,
» abordèrent dans une ifle Æthalie (on
» la croit l'ifle d'Elbe), qu'ils appellèrent
» Argos, du nom de leur vaiffeau, & ce
» nom s'eft confervé jufqu'au fiècle des
» Céfars; ils ont auffi donné celui de
» Télamon à un port de l'Etrurie, qui
» n'eft éloigné de Rome que de huit cents
» ftades : ils ajoutent que les vents ayant
» jetté les Argonautes dans les fyrtes de
» l'Afrique, ils apprirent de Triton,
» Roi de cette contrée, des détails im-
» portans fur la navigation de ces parages,
» & qu'en reconnaiffance ils lui firent
» préfent d'un trépied d'airain, fur lequel

» d'antiques caractères étaient tracés. Ce
» monument s'est conservé jusqu'à nos
» jours chez les Hespérides «.

La première partie de la relation de
Timée se concilie d'une manière si heureuse, soit avec le récit d'Onomacrite,
soit avec les monumens des âges primitifs, empreints sur toute la surface du
globe, qu'elle me semble à l'abri de toutes les atteintes du scepticisme.

Toute l'antiquité dépose que la mer
Caspienne communiquait, dans les tems
antérieurs, à l'Océan septentrional, que
nous nommons aujourd'hui mer glaciale,
& comme cette Méditerranée de l'Asie
était unie de son côté à celle de l'Europe
par les Palus Méotides & le Pont-Euxin,
il est évident que Timée n'en a point
imposé aux siècles, quand, au sortir de
la Colchide, il a conduit vers la mer qui
baigne le pôle du nord, le vaisseau des
Argonautes.

La jonction de la mer Caspienne à
l'Océan septentrional, se prouve, d'abord,

par un fait dont Strabon , l'interprête de
l'antiquité , est le garant. Il assure qu'à
une époque très-reculée, l'Araxe , fleuve
célèbre qui prend sa source dans les montagnes de l'Arménie, se divisait en quarante branches , dont trente-neuf se dé-
chargeaient dans l'Océan septentrional,
& l'autre avait son embouchure dans la
mer Caspienne (*a*). Quelque reculée que
soit l'époque de Strabon , elle est posté-
rieure encore au tems où l'Araxe , le
Phase & le Tanaïs n'existaient pas encore.
Le même Océan coupait en divers sens
l'Asie & l'Europe, prenant , suivant les
régions qu'il traversait , les noms de mer
Septentrionale , de Pont-Euxin , ou de
mer Caspienne.

Ce premier âge qui touche au berceau
du globe , a été pressenti par les Historiens du siècle d'Auguste ; deux des plus
célèbres ont avancé que la mer Caspienne,

(*a*) Strab. *Géograph.* lib. XI.

que nous avons vu unie au Pont-Euxin, se déchargeait par un détroit dans l'Océan qui baigne le pôle du nord (*a*). D'après ce grand trait de lumière, suivons les Argonautes de Timée dans leur voyage autour de l'Europe.

Notre carte philosophique du monde primitif indique, au sortir du Pont-Euxin, deux bras de mer qui conduisent à l'Océan septentrional, l'un au nord-est & l'autre au nord-ouest. Le dernier fut parcouru par les Argonautes de Timée, & le premier par ceux d'Onomacrite.

Timée dit expressément que le *navire Argo, arrivé à l'Océan septentrional, laissa toujours le continent à gauche, & continua sa navigation du nord au couchant. Ainsi,* les guerriers qu'il portait, trouvèrent une mer libre jusqu'à notre

____

(*a*) Plin. *Hist. Natur.* lib. 3, cap. 15. Strab. *Géograph.* lib. 8 ; c'est aussi l'opinion de Mela, d'Eustathe & de Denys l'Africain.

lac Onéga , qui n'eſt qu'une prolongation
de la mer Blanche : de-là ils s'élevèrent
à la hauteur d'Archangel , firent le tour
de la Laponie qui , à cette époque , ne
s'étendait pas au-delà du cercle polaire,
côtoyèrent notre Norwège , & pénétrè-
rent dans l'Océan occidental , en laiſſant
à leur droite cette Angleterre , qui ne fut
connue que long-tems après , ſous le nom
des iſles Caſſiterides. On ſe doute bien qu'a-
lors le petit détroit que nous nommons le
pas de Calais , était une mer immenſe qui
couvrait de ſes flots la Hollande , la Nor-
mandie & la Bretagne.

Les Argonautes de Timée achevèrent
leur voyage comme le font tous les jours
nos Cook & nos Anſon , ils ſuivirent
l'Océan occidental vis-à-vis les côtes de
France , d'Eſpagne & de Portugal , &
rentrèrent dans la Méditerranée par ces
fameuſes colonnes d'Hercule , que nous
nommons aujourd'hui le détroit de Gibraltar. Ils ne retournèrent ainſi dans
leur patrie , qu'après avoir fait exacte-

ment le tour de l'Europe , qui était un monde nouveau pour le peuple du Caucafe.

La relation de Timée eſt un des monumens les plus précieux de l'antiquité, à cauſe des lumières qu'elle nous donne ſur la théorie du globe primitif ; dès qu'on ſuppoſe qu'au ſiècle de l'Hercule oriental , un vaiſſeau partant des Palus Méotides , qui ne ſont qu'une prolongation du Pont-Euxin , put , en ſuivant la direction du Tanaïs , pénétrer dans la mer ſeptentrionale , il s'enſuit qu'il fut un tems où l'Europe entière formait un continent iſolé au ſein des mers , ce qui facilitait prodigieuſement le commerce ſur toute la ſurface du globe , aux peuples indigènes du Caucaſe. Ce réſultat conduit à un autre non moins important ; c'eſt qu'à l'époque des premiers Argonautes , on pouvait aller de la mer du nord à celle du ſud , par les mers ſeptentrionales , paſſage aujourd'hui fermé par la prolongation des terres , & que les

Navigateurs de toutes les Puissances cher-
chent envain depuis un siècle , parce que
la nature , qui tend sans cesse à réunir les
continens , ne dérange pas l'ordonnance
sublime de ses plans , pour satisfaire quelques Armateurs qui veulent abréger leur
voyage dans les Indes , ou quelques Géographes qui desireraient concilier leurs
cartes avec les anciennes mappemondes.

Terminons cette digression sur les
voyages maritimes que les hommes primitifs ont pu exécuter à diverses époques , pour reconnaître toute l'étendue de
leur empire ; terminons-là , dis-je , par
la suite du vrai Périple de l'Hercule
oriental , tel qu'il nous a été transmis par
Onomacrite.

Pour bien entendre ce voyage mémorable , il ne faut pas perdre de vue la
manière dont le globe était dessiné dans
cet âge primitif ; alors il n'y avait point
d'Archipel austral , l'Amérique n'existait
que par la chaîne des Cordillières , & le
reste de la terre était divisé en quatre

grands continents, dont un tableau ra-
pide va expofer les limites, aujourd'hui
dérangées par la retraite fucceffive de
l'Océan, qui a gagné en profondeur ce
qu'il perdait en furface.

Le premier & le plus ancien de ces
continents, était la partie occidentale de
l'Afie, où fe trouvait la Syrie, la Phénicie, l'Arabie & l'Empire Affyrien; la
charpente de cette grande ifle était formée
par la chaîne même du Caucafe. L'Océan
qui l'envcloppait s'appelle, dans notre
géographie moderne, mer Cafpienne,
golphe Perfique, mer des Indes, mer
Rouge, Méditerranée & Pont-Euxin.

La partie orientale de l'Afie, connue
des Anciens fous le nom de l'Afie, au-
delà du Taurus, formait un autre continent; fon rivage occidental était bordé
par la Scythie; l'Inde, mutilée deux fois
à la naiffance de fes péninfules, le ter-
minait au midi; le vafte Empire de la
Chine lui fervait de limites à l'orient,
& le côté du nord avait pour barrières,

contre le poids des mers, le fameux plateau de la Tartarie.

Avant la formation de ce second continent, s'était élevé la grande isle de l'Afrique ; car l'isthme de Suez n'a pas toujours existé, & il fut un tems où les flots de la Méditerranée se confondaient avec ceux de la mer Rouge.

Le plus moderne des continens est celui de l'Europe. Lorsque les grands empires du globe commencèrent à se former, la bande de terre qui s'étend d'Archangel à la mer Caspienne, était sous les eaux, & le reste de ces vastes régions, qui appartiennent aujourd'hui à la Russie, coupé une seconde fois à l'orient par une nouvelle prolongation de l'Océan septentrional, composait seul une isle plus grande que la moitié de l'Europe (*a*).

____

(*a*) Les preuves de toutes ces idées si neuves, mais si vraies, se trouvent à la tête de l'Histoire des Hommes. Voy. *Partie ancienne*, tome 3, pag. 157.

La furface du monde ancien , ainfi deffinée , fuivons dans leur navigation audacieufe les Argonautes primitifs.

» Quand le navire Argo , dit Ono-
» macrite , fortit du Phafe pour rentrer
» dans le Pont-Euxin , il erra au milieu
» des brumes , le long des côtes de l'Afie,
» jufqu'aux Palus-Méotides ; de là les
» vents le portèrent dans un détroit, qu'il
» fut neuf jours à traverfer , enfuite il fe
» trouva dans l'Océan feptentrional «.

Il femble que cette partie de la rela-tion d'Onomacrite ait été tracée fur notre mappemonde.

On voit qu'Hercule , au fortir de la Colchide , dut voguer vers le nord , en côtoyant les terres , à caufe des brumes , jufqu'à la hauteur de la Cherfonèfe Tau-rique ; là , au lieu de doubler le promon-toire , il fe laiffa conduire par le courant dans le détroit Cimmérien , qui le porta tout le long des Palus Méotides.

Notre géographie moderne indique le Tanaïs formant l'extrémité du baffin des

Palus Méotides. Mais dans les âges primitifs dont l'histoire nous occupe, le lit du fleuve était occupé par un canal qui faisait communiquer, par l'est de l'Asie, l'Océan septentrional à la mer Caspienne. Ce canal est le détroit d'Onomacrite.

Le Poète dit que les Argonautes furent neuf jours à traverser ce détroit. En effet, il y a plus de douze degrés, ou de trois cents lieues, entre cette partie de la Sarmatie où le Tanaïs se jette dans le Pont-Euxin & les régions Asiatiques où l'on peut placer le confluent des mers Caspienne & Glaciale. La chaîne du mont Immaüs qui se prolonge sous la mer n'étant découverte que par ses cîmes les plus élevées, les écueils & les bas-fonds qui en résultaient ne dûrent opposer qu'un faible obstacle à un navire dont la quille prenait aussi peu d'eau que celui des Argonautes ; & enfin, nos héros arrivèrent dans l'Océan septentrional.

L'Océan septentrional, connu aussi des anciens sous le nom de mer de Saturne, eſt aſſez pacifique, ſur-tout dans la ſaiſon où il eſt navigable. Les calmes y ſont très-fréquens, mais beaucoup moins dangereux que ceux qu'on éprouve ſous la zône torride. Onomacrite dit que les Argonautes furent contraints de traîner eux-mêmes leur navire le long du rivage; ce qui eſt beaucoup plus naturel que de le porter ſur ſes épaules, à moins que ces épaules ne ſoient accoutumées à porter le ciel, comme on le dit d'Hercule dans les mille & une nuits de l'ancienne Mythologie.

Les Argonautes, ajoute Onomacrite, prirent à gauche en traînant leur vaiſſeau le long de cette mer pacifique; ainſi ils s'élevèrent vers le nord, en côtoyant la grande iſle de l'ancienne Scythie, dé-tachée alors du continent de l'Europe.

La Macrobie s'offrit d'abord à l'admi-ration de nos hardis navigateurs. Cette région fortunée, le Paradis Terreſtre du globe, était habitée par des Socrates pra-tiques, vivant ſans deſirs & preſque ſans

befoins , jouiſſant en paix d'une nature
qui ne ceſſait de leur fourire , & n'atten-
dant qu'au bout de mille ans cette mort
du juſte , qu'un de nos ſages appelle le
foir d'un beau jour ; on voit aſſez combien un tel tableau eſt exagéré ; mais le
fond en eſt moins paradoxal qu'on n'imagine. Ces Macrobiens de la Scythie ,
dûrent être une colonie de ces fameux
Atlantes Tartares , que toutes les traditions antiques s'accordent à regarder
comme les inſtituteurs des hommes.

En effet , en jettant un coup-d'œil fur
la carte du monde primitif , on découvre
que cette partie de l'iſle de la Scythie où
s'arrêta l'Hercule oriental , eſt préciſé-
ment en face du plateau de la Tartarie.
Pour comble de juſteſſe , on voit partir
des deux extrémités de ce plateau , deux
chaînes du mont Immaus qui traverſent
l'Océan , & vont aboutir au continent
Scythe ; les cîmes de la double chaîne de
montagnes formaient , à cette époque ,
autant d'iſles qui ſervaient de relâche

aux navigateurs Atlantes , quand la colonie voulait commercer avec la métropole.

L'Orient a conservé des traces de ces émigrations. Les Skrelingres de la Scythie font évidemment issus des Skrelingres qui habitaient non loin de la fameuse Babylóne des Atlantes ; mais ils étaient déja dégénérés , quand l'histoire s'est occupée de leurs annales ; on fait descendre des Skrelingres Scythes , une race abâtardie portant le même nom , qui dans nos tems modernes pénétra au-delà du cercle polaire , & retarda de plusieurs siècles l'établissement des colonies Danoises en Norwège (a).

L'Historien des Argonautes passe, sans récit intermédiaire, de la description de la Macrobie à celle du pays des Cimmériens; mais il y a un trajet immense de

---

(a) *Histoire Naturelle du Groënland* , par Auderson , pag. 264.

l'une à l'autre région ; il eſt probable que le défaut d'évènemens mémorables, fut la cauſe du ſilence d'Onomacrite.

Il eſt impoſſible , au portrait de ces Cimmériens, *que l'abſence du ſoleil con-damne à des ténèbres éternelles ,* de ne pas reconnaître ces peuples ſitués au-delà du cercle polaire , qui ont une nuit de trois mois , éclairée à peine d'intervalle à intervalle par des aurores boréales. L'Hercule oriental arriva dans ces con-trées vers la ſaiſon de la nuit , & pluſieurs révolutions de vingt-quatre heures s'étant paſſées, ſans qu'il vît le moindre rayon de l'aſtre de la lumière , il ſembla autoriſé à croire que le pays des Cimmériens était condamné à des ténèbres éternelles. Les navigateurs du moyen âge ſe ſont fait quelquefois pardonner , en ce genre , des erreurs bien plus abſurdes, quoique leurs connaiſſances nautiques leur don-nâſſent droit à bien moins d'indulgence.

Les Argonautes , arrivés au ſéjour de la nuit , & perſuadés qu'ils touchaient aux limites du monde , dûrent revenir fur leurs pas , & defcendre jufques vers le foixante-quinzième degré de longitude , & le quarante-huitième de latitude , au point de réunion des deux bras de l'Océan feptentrional & de la mer Cafpienne : là , au rapport d'Onomacrite , le pilote du navire Argo raffura les compagnons d'Hercule , & leur dit que les mers qui leur reftaient à parcourir lui étaient connues. En effet , nous avons vu dans l'hiftoire de la filiation des peuples primitifs , que les Atlantes du Caucafe avaient envoyé des colonies par le Taurus & par l'Atlas , foit au continent oriental de l'Afie , foit en Afrique ; ainfi , toutes les parties de l'Océan qui baignaient ces deux mondes , devaient entrer dans l'empire de leurs navigateurs.

Les merveilles diminuent toujours , à mefure que les connaiffances augmentent. Hercule qui avait parcouru plufieurs fois les mers de l'Afie & de l'Afrique , n'y trouva point , comme aux mers du pole, tous ces spectacles extraordinaires, faits pour amuser l'imagination des siècles ; aussi règne-t-il à cet égard la plus grande stérilité dans la relation d'Onomacrite.

L'isle de Jernes, où une tempête jetta les Argonautes, est inconnue à nos Géographes ; il est probable que c'était la cîme de quelques montagnes qui s'élevaient sur la mer, à l'orient de la Médie ou de la Chaldée, & qui s'étendant en surface à mesure que les flots s'abaissaient, devint dans la suite un isthme par lequel le golphe Persique fut séparé de la mer Caspienne.

L'isle Penceste, où abordèrent ensuite les Argonautes, serait encore plus difficile à retrouver que celle de Jernes, si on ne la connaissait que par le Roman Poétique de l'enlèvement de Proserpine ; mais la suite du texte d'Onomacrite fait entendre qu'elle se trouvait à l'entrée de l'Océan Atlantique ; ainsi, tout porte à croire qu'elle était dans la mer Erythrée, au-devant de l'Arabie Heureuse, & à peu de diſtance de l'iſle Sacrée & de l'iſle Panchaye. On la trouve ſans nom, dans notre carte du monde primitif.

Cette mer Atlantique que l'on voit parcourir à l'Hercule oriental au ſortir de l'iſle conſacrée à Proſerpine, n'eſt point indifférente à l'Hiſtorien Philoſophe.

Le terme de mer Atlantique vient évidemment de la grande chaîne des monts Atlas qui ſe prolonge des confins du détroit de Gibraltar juſqu'à la mer Rouge ; nous en donnons aujourd'hui excluſivement le nom à cette partie de l'Océan qui s'étend depuis la mer de Portugal juſqu'aux Canaries. Mais les Anciens, bien meilleurs Géographes, parce qu'ils avaient des traditions écrites qui touchaient à l'enfance du globe, entendaient par l'Océan Atlantique preſque toutes les mers qui baignent le continent de l'Afrique (*a*), & ſur-tout la

____

(*a*) *Herod.* lib. 1. *Diod. Sicul.* lib. 1, cap. 10, & lib. 3, cap. 20. *Strab.* lib. 16.

mer Rouge, la mer Erythrée & toutes celles qui enveloppent la partie méridionale de l'Afrique jufqu'au détroit de Gibraltar.

Mais, comme nous l'avons obfervé autrefois, en allant à la découverte de l'Atlantide de Platon, il y a aujourd'hui, en côtoyant l'Afrique, près de trois mille lieues de l'Arabie heureufe au détroit de Gibraltar; comment, par exemple, cet effroyable amas d'eau, que nous appellons tour-à-tour mer de Guinée, mer de Congo, mer des Caffres & mer des Indes, n'était-il défigné autrefois que par la fimple dénomination d'Atlantique? La folution du problême réfulte de la juftefse de nos principes fur l'organifation fucceffive du globe; & en effet, le nom d'Atlantique, donné à ce même Océan qui baigne trois mille lieues de côte, ferait un phénomène inexplicable dans l'hiftoire des hommes, fi l'opinion de la rétraite des mers n'était qu'un jeu de l'imagination des Philofophes.

Il eſt évident qu'à la naiſſance des grands empires du globe, les deux tiers du continent de l'Afrique, & ſur-tout la partie méridionale, depuis l'équateur juſqu'à l'extrémité du Cap de Bonne-Eſpérance, étaient ſous les eaux ; nous en avons accumulé les preuves dans le cours de cet ouvrage. L'Afrique étant donc bornée à-peu-près à l'iſle que formait la chaîne de l'Atlas, il n'y a plus d'abſurdité à donner le même nom d'Atlantique à tout l'Océan qui l'environne.

Mais puiſque la mer Erythrée, la mer Rouge & l'Océan méridional, s'appellaient également Atlantique, au ſiècle des premiers Argonautes, quelle route a pu ſuivre l'Hercule oriental, dans le Périple d'Onomacrite ?

Il eſt évident, d'abord, que nos navigateurs ne tournèrent pas à l'Orient de la mer Erythrée, ou du côté du golphe du Gange ; car là ſe perd le nom d'Océan Atlantique, & le pilote du navire Argo ne fe ferait plus retrouvé dans les mers de fa connaiffance.

Il eft encore démontré qu'ils ne rentrèrent pas en Europe par la mer Rouge, puifque le Poète Hiftorien dit expreffément qu'ils arrivèrent dans la Méditerranée par les Colonnes d'Hercule, qui font notre détroit de Gibraltar.

Le navire Argo fit donc le tour de l'Afrique, & ce trajet, fi effrayant de nos jours, ne l'était point à cette époque; nous venons de voir que toute la partie méridionale de ce continent, depuis la ligne, était couverte par la mer; ainfi, on peut réduire à moins de douze cents lieues, l'intervalle de trois milles qu'on compte aujourd'hui, de l'Arabie Heureufe au détroit de Gibraltar.

Onomacrite raconte que les Argonautes, jettés dans l'Océan Atlantique, y trouvèrent une grande quantité d'ifles & d'écueils, qui gênaient leur navigation. C'eft une fuite naturelle de l'hypothèfe qui fait voguer les compagnons d'Her-

cule au-deſſus de l'Afrique Méridionale ;
il eſt tout ſimple qu'une mer qui ſe
retire , pour aggrandir un continent, ſoit
très-peu profonde. Les pics des rochers
qui s'élèvent lentement au - deſſus des
eaux , ſont ces écueils dont la mer eſt
hériſſée ; les éminences en plateaux ſont
les iſles ; ainſi , la navigation ne ſe trouva
gênée , dans ces parages, que par la formation des montagnes , ſoit convexes ,
ſoit pyramidales.

La dernière iſle de l'Océan , que les
Argonautes rencontrèrent ſur leur route,
eſt celle de Circé ; il ne faut point s'amuſer à en chercher la poſition ; une magicienne qui diſpoſe des élémens , qui a
des génies Aëriens à ſes ordres, qui in-
tervertit à ſon gré les loix de la nature ,
n'a aucun rôle à jouer dans une hiſtoire
des hommes. On ſent que la même
baguette qui lui a fait changer les palais
en déſerts , peut tranſporter une iſle , de
la Méditerranée dans la mer des Indes ,
& du pole à la zône-torride.

Enfin , dit Onomacrite , après beaucoup de traverfes & de dangers , les Argonautes arrivèrent aux Colonnes d'Hercule , & entrèrent dans la Méditerranée ; ce qui leur aurait été impoſſible en fortant des mers de l'Aſie , s'ils n'avaient fait le tour du continent de l'Afrique.

Le reſte de la navigation de l'Hercule oriental , jufqu'à fon retour au pied du Caucafe , ne mérite aucune analyfe ; ces gouffres de Scylla & de Carybde , ce combat de chant avec les Syrènes , ne font qu'un jeu de l'imagination du Poète ; encore , Onomacrite n'en eſt-il pas l'inventeur ; il a évidemment copié Homère , qui a été auſſi le modèle de Virgile ; car il a fallu un grand nombre de fiècles , avant de croire qu'on pouvait faire un Poëme épique , fans traduire les fictions de l'Odyſſée ou de l'Iliade.

Tel eſt ce fameux voyage de l'Hercule oriental autour du globe ; quand on le dégage des fictions Poétiques qui le dé-

figurent, qu'on le concilie avec la tradition antique qui nous a été tranfmife
par les Hiftoriens, & fur-tout qu'on lui
donne pour bafe la géographie du monde
primitif, il en réfulte une forte d'évidence philofophique qui a droit à notre
créance, autant que les faits les moins
conteftés des âges poftérieurs, tels que la
bataille de Pharfale, ou la conquête de
la Perfe par Alexandre.

HISTOIRE
DE
MÉDÉE.

AFIN de terminer tout ce qui nous reste de l'antiquité, au sujet des Argonautes, il faut nous arrêter un moment sur la personne de Médée. Cette héroïne de la Colchide, qui n'a point été contemporaine de l'Hercule oriental, mais dont on a confondu la vie avec celle de ce fameux navigateur du Caucase, va nous servir à renouer l'histoire du monde primitif avec les fastes de la Grèce, à l'époque de la guerre de Troye.

Médée a eu, dans la haute antiquité, autant de célébrité que l'enchanteur Merlin dans la moderne Angleterre, & la Pucelle d'Orléans parmi nous. Malgré les ténè-

bres profondes dont fa vie eft couverte,
on peut découvrir quel a été le fondement
de cette célébrité ; il s'agit moins ici de
l'hiſtoire d'une magicienne, que de celle
de l'eſprit humain.

Les premiers mémoires pour la vie de
Médée, ont été fournis par les Poètes ;
c'eſt un tiſſu d'aventures plus incroyables
que les *Mille & une Nuits*. On ne revient
point de fon étonnement, quand on voit
que c'eſt ſur ces fables puériles qu'eſt ap-
puyé l'intérêt dramatique des Tragédies
de Corneille, de Sénèque & d'Euripide ;
comme ſi, dans un ſiècle éclairé, on
pouvait émouvoir le cœur en outrageant
la raiſon !

Voici l'hiſtoire poétique de Médée.
Cette Princeſſe, petite-fille du Soleil,
s'était livrée, dès l'âge le plus tendre, à
l'étude de la magie ; elle ſe ſervait de ſon
art pour évoquer les ombres, & changer
le cours des aſtres, & intervertir l'ordre
des élémens ; ce n'eſt pas que le gener
humain ait conſervé le ſouvenir de ces

révolutions physiques du globe, faites pour anéantir tous les êtres organisés; mais enfin on s'en était apperçu dans la patrie de Médée, & il ne convenait pas à la terre entière de démentir un petit coin de la Colchide.

Médée était tranquille dans le temple du Soleil, son grand-père, quand elle rencontra Jason qui venait, à la tête des Argonautes, enlever à son père un mouton dont la toison était d'or, & qui servait de *palladium* à son petit Etat. Jason était le plus beau des Grecs, & Médée, se laissant aller à la douce magie de l'amour, trahit, en faveur de l'étranger, son père, sa patrie & son Roi; elle lui donna des herbes enchantées, qui l'aidèrent bien mieux que son courage à la conquête du trésor de la Colchide; & quand l'objet du voyage des Argonautes fut rempli, elle se laissa enlever, par son amant, avec la toison.

Médée, arrivée dans la patrie de son nouvel époux, s'avisa, pour donner à la

Grèce une haute idée de fon pouvoir, de rajeunir le vieil Efon fon beau - père : elle fit bouillir, dit Ovide (a), dans un grand vafe d'airain, des plantes acides & corrofives ; elle y joignit de l'écume que la lune répand fur les prés dant la nuit, les entrailles d'un loup - garou, & la tête d'une corneille qui avait vécu neuf cents ans ; enfuite ouvrant la gorge au vieux Roi, elle fit couler tout le fang de fes veines, & introduifit à fa place la nouvelle liqueur qu'elle venait de préparer ; l'enchantement réuffit, & Efon, qui s'était endormi âgé de cent ans, fe réveilla n'en ayant plus que quarante ; prodige qui fut attefté par une foule de témoins oculaires, comme encore aujourd'hui les Tartares qui vont au Tibet atteftent, à leur retour, l'immortalité du Grand Lama.

Le bruit de cette merveille engagea Bachus à defcendre du ciel, pour prier

***

(a) *Métamorphof.* lib. 7.

Médée de rajeunir encore les Nymphes qui l'avaient nourri fur le mont Nifa (*a*). La magicienne ne favait pas plus refufer un dieu qu'un amant, & les Nymphes fe laifsèrent égorger à leur tour pour revenir à l'âge de quinze ans.

Le vieux Pélias, dans le fond de la Theffalie, fut inftruit de ces nouveaux phénomènes de la magie ; & fes filles, pour lui prouver leur tendreffe, eurent recours à la baguette qui avait renouvellé la jeuneffe d'Efon ; malheureufement Médée n'aimait point ces Princeffes, qui l'effaçaient en beauté, & elle fe joua d'une manière atroce de leur crédulité ; elle leur promit de rajeunir Pélias, dès qu'elles auraient tiré tout le fang de fes veines. Par piété, celles-ci devinrent parricides ; mais dès que le vieux Roi fut égorgé, Médée leur reprocha leur

------

(*a*) Hygin. *Fab.* 182.

ſtupidité, & s'envola ſur ſon char traîné par des dragons.

Il fallait que Jaſon ne fût pas tout-à-fait auſſi crédule que les filles de Pélias, puiſqu'il s'expoſa à tout ſon reſſentiment, en épouſant la fille du Roi de Corinthe ; Médée, qui aimait Jaſon avec autant d'emportement que ſa magie, ſe vengea avec éclat ; elle envoya, à ſa rivale, une robe, qui fit ſur elle l'effet de la chemiſe enſanglantée du centaure Neſſus, mit le feu au palais, égorgea les deux enfans qu'elle avait eus de Jaſon, & ſe ſauva ſur ſon char volant en Aſie, où elle donna ſon nom aux Mèdes, qui tiraient gloire ſans doute d'avoir une origine commune avec une ſorcière & une parricide.

Les Hiſtoriens qui ont parlé de Médée, ne ſe ſont pas joué avec autant d'audace que les Poètes de la crédulité de leurs lecteurs. Voici le jugement que les gens ſenſés peuvent porter de cette héroïne, en combinant les récits d'Hérodote, de Diodore de Sicile, & de Pauſanias.

Hécate , mère de Médée , & la Frédegonde de la Colchide , aimait avec excès la chasse ; & quand elle ne trouvait aucune bête féroce à égorger , elle s'amusait à tuer des hommes (*a*) ; elle employa le peu de connaissances qu'elle avait dans l'histoire naturelle, à composer des poisons. Ce fut elle en particulier qui trouva l'aconit ; elle épousa Aëtes , dont la férocité sympathisait avec son caractère, & lui donna deux filles, Circé & Médée, à qui elle fit part de tous les secrets de son art destructeur. Circé, née avec le caractère sanguinaire de sa mère, empoisonna son époux. Pour Médée, elle ne fut connue, dans la Colchide , que par sa bienfaisance. Révoltée de l'usage que son père avait introduit d'immoler tous les étrangers qui y abordaient, elle ne s'occupa jamais que des moyens de les dérober à

(*a*) Diod. Sicul. *Hist. Univers.* lib. 4.

la mort. La botanique, qui fervait à fa
fœur à compofer des breuvages funeftes, lui fervit à imaginer des contrepoi-
fons, & fi la doctrine des Mages avait
pu pénétrer dans la Colchide, fon peuple
aurait pu prendre Circé pour le génie du
mal & Médée pour la divinité du bien.

Telle eft cependant la bifarrerie des
réputations, que le nom de Médée n'eft
parvenu jufqu'à nous qu'avec toute l'horreur qu'infpirent les meurtres qui ont le
plus outragé la nature ; ce ne ferait pas
pour la première fois que des Poëtes en
auraient impofé à la juftice des fiècles.
Ariftophane n'a-t-il pas voulu flétrir
Socrate ? Horace n'a-t-il pas tenté de
faire croire qu'Augufte était un grand
homme ?

La vérité fe peint bien mieux, à mon
gré, dans le froid récit d'un Hiftorien,
que dans les fatires énergiques d'un Poëte.
Achevons d'analyfer Diodore & Paufanias.

Un tigre couronné ne protège que ce

qui lui reffemble. Le féroce Aëtes ne put pardonner à fa fille d'aimer les hommes qu'il ne jugeait bons, fans doute, qu'à opprimer ou à empoifonner ; il la perfécuta avec violence, & l'obligea enfin de chercher un afyle dans un temple du Soleil, qui était fur le rivage. C'eft fur ces entrefaites que les Argonautes abordèrent dans la Colchide. Médée, dont les malheurs augmentaient la fenfibilité naturelle, inftruifit ces étrangers du péril qui les menaçait. Jafon voulut lui témoigner fa reconnaiffance d'un tel fervice, & entre des jeunes gens de différent fexe, il n'y a qu'un pas de la reconnaiffance à l'amour. Médée, qui brûlait de quitter une patrie où elle était forcée d'être malheureufe ou homicide, profita de la promeffe folemnelle que lui fit Jafon de l'époufer, pour abandonner une terre qui dévorait fes habitans, favorifa les projets de l'étranger pour la conquête de la Toifon, & s'embarqua avec les Argonautes.

La Médée de Sénèque & d'Ovide, qui probablement n'a jamais exifté que dans leurs vers, mit, dit-on, en pièces fon frère Abfyrte, & difperfa fes membres fur le chemin pour arrêter la pourfuite de fon père, qui venait venger fes perfidies. Malheureufement Apollonius de Rhodes, qui vivait près de trois cens ans avant le Précepteur de Néron, & qui a écrit fur l'expédition des Argonautes, dit expreffément que ce fut Jafon qui affaffina Abfyrte *a*) ; mais le Poète dramatique crut qu'il était plus théatral de faire égorger le frère par la fœur ; & pour rendre Médée fublime, on la fit parricide.

L'hiftoire de Pélias eft altérée avec prefqu'autant de malignité ; les Poètes, qui ont tous parlé du tour abominable que Médée joua aux filles de ce Roi de Theffalie, ont affecté de fe taire fur les

______

(*a*) *Argonaut.* lib. 4.

attentats qui attirèrent cette horrible vengeance : cependant il était avéré que ce tyran avait forcé Amphinome , mère de Jafon, à fe percer de fon épée; qu'il avait empoifonné le père de ce héros, & égorgé de fes propres mains Promachus fon frère , qui était encore au berceau (*a*). Jafon avait été bien plus outragé par Pélias , qu'Atrée ne le fut par Thyefte ; cependant il s'en faut bien qu'il fe vengeât comme lui.

La manière dont Diodore raconte cette aventure , jette un grand jour fur les prétendus prodiges de Médée : voici le récit de cet Hiftorien. Les Argonautes voulurent punir Pélias de fes crimes ; mais il était difficile à cinquante-trois hommes d'attaquer , dans fa capitale , un Roi défiant & ombrageux , qui ne marchait qu'au milieu d'une foule de gardes. Médée fubftitua à la force un grand nombre

____

(*a*) Diod. Sicul. *Hift. Univerf.* lib. 4.

d'artifices ; elle blanchit fes cheveux avec une compofition particulière, & rida fon vifage pour lui imprimer le caractère de la vieilleffe ; enfuite elle entra dans la ville, à la pointe du jour, portant avec elle une ftatue de Diane. A peine parut-elle dans la première place publique, que faifie tout-à-coup d'enthoufiafme, elle annonça aux habitans que la divinité qu'elle leur montrait, venait exprès des contrées Hyperboréennes faire leur falut & celui de leur Roi. Le peuple, qui fe laiffe mener par l'enthoufiafme & les fpectacles, tomba aux genoux de la ftatue & de fa Prêtreffe. L'épidémie religieufe gagna bientôt le palais, & Médée annonça au Roi qu'elle venait le rajeunir : pour lui donner une haute idée de fon pouvoir en ce genre, elle fe retira un inftant dans un cabinet, fit difparaître les rides de fon vifage, rendit à fes cheveux leur couleur naturelle, & parut, aux yeux de la Cour, avec toute la fraîcheur de la jeuneffe & l'éclat de la beauté. Ce preftige acheva de

convaincre le vieux tyran , & il ordonna
à ſes filles d'obéir en tout à la magicienne ;
ce fut alors que Médée ordonna aux Princeſſes d'égorger leur père. Quand l'attentat
fut exécuté , elle monta ſur la terraſſe du
palais, ſous prétexte d'invoquer la Lune ,
& donna un ſignal aux Argonautes , pour
leur annoncer la mort de Pélias. Ils fran-
chirent auſſi-tôt les murs du palais , déro-
bèrent Médée à la vengeance du peuple ,
& donnèrent un nouveau Roi à la Theſ-
ſalie.

Médée , arrivée à Corinthe , profita de
ſes connaiſſances politiques & naturelles
pour délivrer la ville d'une grande famine : elle vécut dix ans avec ſon époux ,
toujours aimée , dit Diodore , ſoit à cauſe
de ſa beauté , ſoit à cauſe de ſa vertu. La
beauté diſparut enfin , & Jaſon , qui avait
trop de tempérament pour reſter l'époux
de la vertu , répudia ſa bienfaitrice , &
donna ſa main & ſon cœur à une fille du
Roi de Corinthe ; pour comble d'outrages , Créon exila cette Princeſſe , & ne

lui donna qu'un jour pour fortir de fes
Etats. Médée , défefpérée , embrafa le
palais avec une efpèce de feu grégeois, &
après avoir vu périr fa rivale & fon père,
fe retira à Athènes, où Egée l'époufa , &
en eut un fils qui gouverna les Mèdes ,
& leur donna fon nom.

Le peuple des lecteurs , qui ne croit
qu'à la Médée d'Ovide, ferait bien encore
plus furpris, fi on lui prouvait que fon
célèbre parricide, qui fait le dénouement
de toutes les Tragédies dont elle eft l'héroïne, n'eft qu'une calomnie des Poètes.
Or, voici en propres termes ce qu'en dit
Elien : » J'ai lu que tout ce qu'on a dit
» de Médée étoit faux ; que ce n'eft point
» à elle, mais aux Corinthiens qu'il fallait
» imputer la mort de fes enfans ; que ce
» fut à leur prière qu'Euripide inventa
» cette fable, dont il plaça la fcène dans
» la Colchide, & en fit le fujet de fa
» Tragédie ; enfin que l'art du Poète a
» fait prévaloir le menfonge fur la vé-

„ rité « (*a*). Il y a des Auteurs qui spé-
cifient jufqu'à la fomme que donnèrent
les Corinthiens pour engager le Poète à
en impofer à la poftérité ; elle était de
cinq talens (*b*) : enfin pour varier les
monumens de l'erreur hiftorique que je
réfute , je citerai un tombeau élevé dans
Corinthe en l'honneur de ces deux fils
de Médée, qui y avaient été injuftement
lapidés , & par lequel on crut expier un
pareil attentat ; ce tombeau fubfiftait encore du tems de Paufanias (*c*).

Voilà donc Médée phyficienne, Médée
l'héroïne de la bienfaifance , Médée qui
n'eut jamais que les douces faibleffes de
l'amour ; la voilà , dis-je , mife au rang

(*a*) *Hift. diverf.* lib. 5 , cap. 12. — Je me
fers de la traduction de M. Dacier.

(*b*) Voyez Apollodore , *Biblioth.* lib. 1 ,
cap. 9 , & les Auteurs cités par le Scholiafte
d'Euripide. — *Euripid. Tragœd.* , édition de
Barnès , in-folio , pag. 15.

(*c*) Voyez fon *Voyage de Corinthe.*

des Locufte & des Brinvilliers , parce
qu'il a plu à des Poëtes d'augmenter l'intérêt de leurs drames. Si l'on voulait ainfi
ne difcuter que les faits qui caractérifent
les perfonnes célèbres, & oublier les fatires & les panégyriques, on parviendrait
à faire une hiftoire philofophique des
réputations, qui manque à notre litté-
rature.

DE L'ORIGINE

DE LA

GUERRE DE TROYE.

PENDANT que les Argonautes de l'expédition de Jason jouissaient en paix de
cette espèce de gloire que fait naître dans
un siècle de barbarie le succès des brigandages, Priam, tranquille sur le trône
de Troye, redouté de ses voisins, envi-
ronné d'une famille nombreuse, & fier
de revivre dans sa triple postérité, se regardait comme le Souverain de l'Asie
mineure. L'opulence dont ses peuples
jouissaient, amena leur ruine ; car il en
est des époques des Monarchies, comme
des âges de l'homme ; l'instant de l'éclat
& de la maturité, est toujours voisin de
celui de la décadence.

Homère, dont le génie a fait les réputations de prefque toute l'antiquité, fuppofe que l'enlèvement d'Hélène, fut l'origine de la guerre de Troye. Ce grand homme confond le prétexte avec la caufe; ce qui perdit les Troyens, fut leur opulence, qui excita la jaloufie, & leur puiffance, dont ils abusèrent; fi Hélène n'avait pas été enlevée, la politique aurait imaginé d'autres motifs de guerre, faits pour éveiller dans toute la Grèce la rivalité nationale, & Troye n'en aurait pas moins difparu de l'Afie mineure, qu'elle écrafait du poids de fon orgueil.

Au refte, la raifon du dix-huitième fiècle doit fe défier des contes qu'on a faits fur la puiffance de la Monarchie de Priam. On a trop abufé, à cet égard, des hyperboles harmonieufes d'Homère. Ce beau génie, à la fin du fecond chant de fon Iliade, après avoir dit *que quand il aurait dix langues, une voix de tonnerre & des poumons d'airain, il ne pourrait décrire la multitude qui s'arma pour la guerre de Troye*, fait une longue énumération des affiégeans & des affiégés. Parmi ces derniers, on voit prefque tous les peuples de l'Afie mineure, les Thraces, quelques barbares des rives du Pont-Euxin, & même des foldats d'Halizone, *peuple iffu d'Alybes, régions lointaines où germe l'argent.*

Ces régions lointaines, où l'argent germe à la manière des plantes, ont fait croire au troupeau fervile des commentateurs, que Priam régnait fur une partie du globe.

Dans ce troupeau fervile, il faut mettre les compilateurs Anglois de cet amas erroné & indigefte de faits, qu'on commence à ne plus honorer du titre d'hiftoire univerfelle. » Homère, difent-ils, » comprend dans le Royaume de Troye » l'Afie mineure, entre la mer Noire & » la Méditerranée, *comme auffi* les pays » d'Europe entre le Danube, la mer » Adriatique, la Grèce & la Propontide. » Au refte, ces bornes font trop étroites.

» Priam était un Roi des Rois, & possé-
» dait la troisième partie du globe (*a*) ».

. Ce résultat, qui contredit tous les faits historiques, & (ce qui est encore plus grave) la logique de ces faits, ce résultat, dis-je, est une suite de l'idée extravagante que Sésostris fit la conquête du globe, & en laissa le tiers à gouverner, à celui de ses descendans qui régnerait à Troye ; l'histoire des hommes ne doit point peser sur de pareilles erreurs, qui, faites pour rester dans l'oubli, avec les livres qui les renferment, ne laissent aucunes traces dans les annales de l'esprit humain.

Priam n'étendit pas son empire au-delà de l'Asie mineure ; si Homère est exact dans le catalogue des Rois qui vinrent

---

(*a*) Edition in-8⁰., tome XXXIV, pag. 152 ; & pour qu'on ne doute pas de leur opinion, ils ajoutent, à la page 192 : *telle est la grandeur du Royaume de Troye, qui s'étendait depuis la Méditerranée jusqu'en Norwège, & depuis les sources de l'Indus jusqu'au Rhin.*

défendre ce Prince contre les Grecs, il a
eu en vue, non des vaſſaux du prétendu
Roi des Rois, mais des Puiſſances auxi-
liaires. Et ſi le globe retentit du fracas de
la chûte de Troye, ce n'eſt que dans le
ſens de la vanité Grecque, qui excluait
du titre d'homme, tout ce qui n'était pas
né dans le Péloponèſe.

Quoique le Royaume de Priam n'ait
jamais eu le plus léger rapport, pour
l'étendue, avec les vaſtes empires de
Cyrus & de Sémiramis, cependant, il
avait aſſez de poids dans la balance de la
Grèce, pour armer contre lui la jalouſie
de ſes voiſins; de plus, ſon luxe immo-
déré annonçait à tout le monde la décadence de ſes forces; & on ſentait que
tout guerrier qui ſaurait manier le fer,
deviendrait, tôt-ou-tard, le maître d'un
peuple qui ne ſe défendait qu'avec de
l'or contre ſes déprédateurs.

Ajoutons qu'à l'époque, dont l'hiſtoire
nous occupe, la Grèce ſe trouvait dans
un état de criſe; les hommes généreux

qu'elle renfermait dans son sein, commençaient à sentir le besoin de déployer
toutes leurs forces ; ils touchaient au moment d'être libres , & avant de se créer
une patrie , ils voulaient s'essayer , en
brisant les barreaux des prisons , où d'orgueilleux despotes tenaient des peuples
esclaves. Cet instant d'effervescence , dans
les petites Monarchies Grecques , fait
époque dans l'histoire des hommes.

Enfin, l'expédition de la Colchide avait
préparé tous les esprits à l'expédition de
Troye ; les guerriers du Péloponèse occupaient l'activité de leur esprit à enfanter
des projets qui pussent les rendre un jour
rivaux des Jason & des Hercule. Tout se
préparait en silence à une guerre mémorable , & la conquête des Argonautes fut
le véritable œuf de Léda , d'où naquit le
désastre de Troye.

HISTOIRE

D E

PÂRIS ET D'HÉLÈNE.

L'œuf de Léda, tel que les Poëtes nous l'ont tranfmis, eft célèbre dans l'antiquité. Léda était l'époufe de Tyndare, Roi de Sparte; née avec les graces qui appellent les faibleffes, & cette fenfibilité douce qui femble les excufer, elle eut des intrigues amoureufes qu'elle tenta vainement d'envelopper des ombres du myftère; des fymptômes de groffeffe, dont elle s'apperçut, dans un tems où fon mari s'abftenait de fon commerce, allaient trahir le fecret de fes feux adultères; elle revola dans les bras de Tyndare; mais tous ces germes ne purent fe confondre dans fon fein; trois enfans en naquirent, ce furent Caftor & Pollux, & cette Hélène, dont la beauté devait être un jour fi fatale à la Monarchie de Troye.

Léda, dont la crédulité était à la fois la fuite de fon ignorance & de fes remords, fe perfuada que la naiffance fimultanée de trois enfans, annonçait évidemment le concours de plufieurs pères ; elle eut recours à l'apologie ordinaire des fiècles barbares, & prétendit que Jupiter lui avait arraché fes faveurs ; un cygne avec lequel elle jouait à demi-nue dans le bain, lui parut propre à appuyer le roman, & elle déclara que la métamorphofe du Dieu en oifeau, avait été l'écueil de fa vertu.

Il femblait difficile de reconnaître parmi ces trois germes, celui qui avait été fécondé par le Roi de Sparte ; mais les Poètes, avec le fil de la Mythologie, fe tirent de tous les labyrinthes. Caftor, qui périt jeune, paffa pour le fils mortel de Tyndare ; pour Pollux & Hélène, qui atteignirent tous deux la plus longue vieilleffe, on les déclara immortels, & par conféquent fils de Jupiter.

Telle eft la manière la plus heureufe d'expliquer la tradition poétique fur la naiffance d'Hélène ; dans cette opinion, l'œuf de Léda n'eft autre chofe que la membrane qui renferme la liqueur de l'amnios où nage le fœtus humain. Mais il y a une autre variante de ce conte, où l'œuf de Léda exifte fans emblême. Suivant fes garants, Jupiter était amoureux, non de Léda, mais de Néméfis ; ne pouvant venir à bout de la féduire, comme fouverain des Dieux, il fe changea en cygne, métamorphofa la Déeffe en oye, & en jouit. Le fruit de ces amours fut un œuf, qui refta expofé dans une forêt : un berger le trouva & le porta à Léda ; celle-ci, enchantée de fa beauté, le couva dans fon fein, & Hélène en nâquit. Il n'y a rien dans cette fiction qui puiffe prêter au burin de l'hiftoire.

Quelque conte qu'on ait fait fur la naiffance d'Hélène, il eft hors de doute que fa beauté en a été la bafe ; l'imagination exaltée voit toujours hors de la nature, ce qui n'eft réellement que le chef-d'œuvre de la nature. La fille de Léda n'avait que dix ans, quand le vieux Théfée, qui venait de perdre Phèdre, fon époufe, apprenant, par la renommée, que cet enfant ferait un jour la beauté la plus accomplie de la Grèce, fe rendit à Sparte, la vit danfer avec grace dans un temple de Diane, & l'enleva. L'hiftoire ajoute à ces détails une circonftance qui conviendrait moins au climat tempéré de la Grèce, qu'au ciel embrâfé de la Zône-Torride. On prétend qu'Hélène, à l'âge de dix ans, répondit à l'amour de Théfée, & devint mère d'une fille, à qui elle donna le nom d'Iphigénie (a).

Le crime de Théfée ne refta pas impuni. Caftor & Pollux, qui n'avaient pu prévenir l'opprobre de leur fœur, fongè-

______

(a) Paufanias, lib. 2, cap. 22.

rent à la venger ; ils vinrent à la tête d'une armée puissante ravager l'Attique. La forteresse d'Aphidne, où Hélène était renfermée, fut prise d'assaut, & détruite de fond en comble. C'est dans le sac d'Aphidne, qu'Ethra, mère de Thésée, & chargée par ce Prince de veiller sur la destinée de sa captive, fut conduite à Sparte, pour y mourir dans l'esclavage.

Hélène, de retour dans sa patrie, n'eut qu'à se montrer, pour faire oublier les égaremens de sa jeunesse ; sa fécondité précoce ne refroidit point la foule d'aspirans qui prétendaient à sa main. Il s'en présenta trente à la fois, dont les principaux étaient Ménélas, Ulysse, les deux Ajax & Patrocle. Ce grand nombre de Princes, dont un seul pouvait être heureux, fit craindre à Tyndare qu'on ne le punît un jour d'avoir eu pour fille la Vénus de la Grèce.

Ulysse, souverain de quelques isles stériles, vit bien que son trône n'était pas fait pour flatter l'ambition d'Hélène ; il préféra à la Princeſſe une ſimple citoyenne de Sparte , nommée Pénélope ; mais comme le père oppoſait un obſtacle à ces nœuds mal-aſſortis , il offrit à Tyndare de le ſervir dans ſes vues , s'il voulait lui aſſurer la main de Pénélope. Le traité fut accepté ; alors Ulyſſe , pour tranquilliſer le Roi de Sparte ſur les ſuites de ſes refus , l'engagea à faire prêter ſerment aux trente rivaux , de défendre juſqu'à la mort l'époux qui ſerait choiſi. On ne connaiſſait point encore la fameuſe maxime politique de Lyſandre , qu'il fallait amuſer les hommes avec des ſermens, comme les enfans avec des oſſelets , & celui que prononcèrent les amans d'Hélène , amena la fameuſe confédération Grecque , qui renverſa la Monarchie de Troye.

Ménélas fut nommé l'époux de la fille de Tyndare. La politique ſeule parut avoir décidé de ce choix ; ce Prince avait un grand crédit dans la Grèce , comme frère de cet Agamemnon qui régnait ſur une partie du Péloponèſe.

Hélène était née d'une complexion trop ardente pour aimer un époux qu'elle ne tenait que de la politique ; cependant l'habitude de vivre feule dans fon palais, lui tint long - tems lieu de vertu ; elle répondit aux careffes de Ménélas, & lui donna une fille nommée Hermione.

Sur ces entrefaites, Pâris, le plus bel homme de l'Orient, parut à Sparte. Hélène, qui s'était livrée à Théfée par curiofité, & à Ménélas par devoir, fe livra au fils de Priam par goût : mais avant que de déchirer le rideau qui couvre leurs amours adultères, il faut s'arrêter un moment fur la perfonne du héros efféminé, dont les avantures firent dans la Grèce tant de veuves & d'orphelins.

L'antiquité a embelli de merveilles le berceau de Pâris comme celui d'Hélène ; on a dit qu'Hécube, enceinte de lui, fongea qu'elle portait dans fes flancs la torche qui allait embrâfer Troye ; les prophêtes du tems confultés, répondirent que ce fonge finiftre annonçait les maux que le fils d'Hécube cauferait à fa patrie. Priam qui aimait mieux faire mentir les Dieux que de douter de leurs Oracles, ordonna que l'enfant ferait expofé, à fa naiffance, fur le mont Ida. Le Troyen chargé de cette commiffion barbare, plus fenfible que ne le font d'ordinaire les fatellites des defpotes, eut le courage de défobéir ; il porta chez lui l'enfant prof-crit, & l'éleva avec autant de foin que fi la nature l'en avait fait le père.

Pâris devenu grand, quoique réduit à un état abject, fembla preffentir qu'il était né fur les marches du trône ; il fe fit obéir des pâtres, fes égaux, il réprima des courfes de brigands, & le paifible cultivateur le regarda comme le génie tutélaire des campagnes.

La-grande beauté de Pâris était un des titres de fa fupériorité ; il femble en effet que ce qui a droit à notre admiration, a droit auffi à nos hommages ; ce réfultat où le Philofophe eft conduit par la ré-flexion, le peuple y eft entraîné fans

réfléchir, par-tout où de fauſſes inſtitutions ſociales ne lui ont pas appris à
donner le démenti à la nature.

Pâris n'était que ſimple berger, quand
ſa grande beauté lui fit épouſer une
Troyenne d'un rang diſtingué, qui poſſé-
dait des terres le long d'un fleuve, &
qui en prenait le titre de Nayade. Cette
Troyenne s'appellait Œnone; elle avait
accordé ſes premières faveurs à Apollon,
qui pour prix de ſa virginité, lui avait
donné quelques connaiſſances de botanique (*a*).

La beauté de Pâris ſervit, dit-on, à
lui faire préſager ſa future grandeur; on
connaît ſon fameux jugement des trois
Déeſſes; ſi cette charmante fiction a quelque fondement hiſtorique, le voici. Parmi
les Princeſſes de la nombreuſe famille

(*a*) *Narrat. Conon.* 23, *in biblioth. Photii.*
Voyez auſſi l'Héroïde d'Ovide, qui a pour
titre: *Œnone à Paris.*

de Priam, il y en avait trois qu'on diftin-
guait, fur-tout par leur beauté. Comme
elles vivaient enfemble, les préférences
de quelqu'amant, une forte de jaloufie
naturelle au fexe, peut-être le fimple dé-
feuvrement de l'opulence, fuffit pour les
rendre rivales ; les querelles qui en ré-
fultèrent, étaient de nature à ne fe terminer que par un jugement authentique ;
mais qui choifir pour juge fuprême de la
beauté ? les yeux blâfés des courtifans
étaient fufpects ; on convint de confulter
un homme de la campagne ; il le fallait
jeune, pour que fon cœur ne fût pas
éteint par les jouiffances ; il le fallait
d'une phyfionomie heureufe, pour qu'il
pût juger de la beauté par comparaifon :
à tous ces titres Pâris fut nommé.

Chaque Troyenne, comme on s'en
doute bien, chercha à féduire fon juge ;
l'une lui promit de la puiffance, l'autre
lui fit entrevoir dans l'avenir la palme
des arts, la plus jeune, plus tendre ou

plus adroite, lui fit espérer du plaisir,
& emporta le prix.

La scène où se passa cet évènement a
été depuis ennoblie par les Poètes ; ils
ont supposé une pomme d'or jettée dans
l'Olympe, avec cette inscription, *à la
plus belle* ; ils ont dit que Junon, Minerve & Vénus, étaient descendues sur
le mont Ida, pour exposer leurs charmes
sans voile aux yeux de Pâris ; ils ont même
fait entendre que la Déesse des Amours
avait acheté le suffrage de son juge, en le
rendant heureux. On voit combien un
sujet aussi heureux prêtait à l'imagination
riante des Ovide & des Anacréon.

Il nous reste du siècle de Périclès, un
Pâris assis. Le sculpteur l'avait probablement mis en regard avec les trois beautés
dont il devait apprécier les charmes ; car
il est représenté la pomme de discorde à
la main, suivant la tradition des Poètes,
bien plus favorable que l'autre à la sculp-
ture ; le tems où les barbares ont mutilé
ce groupe, & la seule statue qui s'en est

confervée, eft plus propre à nous tranf-mettre le coftume de l'habillement Troyen, que le caractère du raviffeur d'Hélène.

Il eft probable que le bruit de ce juge-ment fit connaître Pâris à Troye ; on chercha à y dévoiler le myftère de fa naiffance ; il fut reconnu de fon père & traité comme le frère d'Hector ; le rêve d'Hécube, & les prédictions des oracles étaient déja oubliés.

On ne fait quel fut le motif du voyage de Pâris à Sparte ; les uns prétendent que ce Prince n'ayant point de droit après la mort de Priam à la couronne de Troye, chercha quelque contrée inhabitée du Péloponèfe, où il pût fonder une Mo-narchie ; une tradition un peu plus vrai-femblable, veut que le frère d'Hector ne fortit de Troye, que pour aller rede-mander au Roi de Salamine, Héfione, qui y avait été conduite autrefois par Hercule. L'opinion la plus abfurde, eft celle qui fuppofe que Pâris vint exprès à Sparte enlever Hélène , pour venger l'ancien enlèvement de Ganymède.

Quoiqu'il en foit, Pâris fut accueilli à Sparte , par Ménélas , comme le fils d'un Roi , & par Hélène , comme l'homme deftiné dans fon cœur à remplacer fon époux.

Cependant , une forte de décence , qu'on refpecte d'ordinaire dans les premiers crimes , retenait la fougue impétueufe des deux amans. Ménélas eut l'imprudence de faire un voyage en Crète , & le fcandale des amours d'Hélène éclata dans toute la Grèce.

Comme la Reine de Sparte & le Prince Troyen en étaient encore à leur première paffion , elle ne s'éteignit point par la jouiffance : tous deux cherchèrent à l'envi à prolonger l'illufion dans laquelle ils vivaient, & quand leur délire fut à fon comble , ils fe concertèrent, pour fubftituer à une vaine union fociale , ce qu'ils appellaient le mariage de la nature.

Cependant Œnone (*a*) , l'ancienne épouse de Pâris , l'aimait encore , malgré fes infidélités : elle avait eu de lui un fils nommé Corythe , héritier des graces de fon père , & non moins fait que lui pour féduire la beauté ingénue. Cette femme fachant fon époux à la Cour de Ménélas , y envoya Corythe , alors dans toute la fleur de l'adolefcence , perfuadée qu'il donnerait de la jaloufie à Pâris , dégraderait Hélène à fes yeux , & le ramènerait à Troye. Le projet d'Œnone réuffit en partie. La fille de Léda trouva le fils encore plus aimable que le père , & elle s'obferva fi peu dans fa nouvelle paffion , qu'un jour Pâris furprit Corythe prefque dans fes bras ; le dénouement ne fut tragique que pour l'infortuné fils d'Œnone ; fon père le poignarda , & il n'en refta pas moins l'amant d'Hélène.

(*a*) Le trait fuivant eft tiré des Fragmens anciens , qui ont pour titre : *Conon. Narrat.* Voyez la Bibliothèque de Photius.

Ce meurtre abominable remplit d'amertume tout le refte de la vie d'Œnone ; elle fe retira dans une retraite profonde, & fit divorce, pour ainfi dire, avec la nature entière ; Pâris, de fon côté, ne fe fouvint d'elle que la dixième année du fiége de Troye, quand, bleffé à mort par Philoctète, il fe traîna fur le mont Ida, & pria fon ancienne époufe d'employer fa connaiffance des fimples pour le ramener à la vie ; la première réponfe d'Œnone à l'envoyé de Pâris, fut que le perfide pouvait s'adreffer à Hélène : cependant, tous les liens qui avaient unis leurs deux cœurs, n'étaient pas encore rompus ; le péril où fe trouvait le fils de Priam, l'idée de vaincre en générofité fa rivale, l'emportèrent fur une fierté farouche ; elle vola auprès de Pâris, pour mettre elle - même un appareil fur fa bleffure ; il n'était plus tems, le perfide venait d'expirer ; Œnone éperdue, fe jette fur le cadavre, l'arrofe de larmes de fang, & fe relevant enfuite avec toute l'énergie du défespoir, elle détache fa ceinture, l'arrête à une colonne du lit de parade, & s'étrangle. Pâris ne méritait pas d'avoir eu, un feul moment, le cœur d'une pareille héroïne.

Le cri des peuples, qui parvient toujours aux Rois, dans les premiers âges des Monarchies, retint encore les deux amans ; à la fin, n'ofant le braver, ils l'éludèrent. Hélène feint d'être obligée de fe rendre à Cythère, pour facrifier à Vénus, s'empare des tréfors de Ménélas, monte fur le vaiffeau qui avait amené Pâris, & fait voile avec lui vers la Troade.

La navigation du couple adultère partagea les orages auxquels leurs ames étaient en proie : ils errèrent long-tems dans les mers du Péloponèfe, & enfin une tempête fit échouer leur vaiffeau fur les côtes de l'Egypte.

Il y avait à l'embouchure du Nil, où le vaiffeau Troyen fut jetté, un temple d'Hercule, qui, de tems immémorial fervait d'afyle aux efclaves. Quelques captifs de Pâris, inftruits des priviléges de ce lieu de franchife, s'y retirèrent, en publiant par-tout l'enlèvement de la femme de Ménélas. Thonis, Gouverneur de cette partie du Delta, n'ofant juger par lui-même le crime du raviffeur, envoya à Memphis pour prendre les ordres du Pharaon. C'était Protée qui régnait alors en Egypte ; il commanda au Gouverneur d'arrêter Pâris, & de l'amener à fa cour avec Hélène, fes tréfors & fes efclaves.

Nous avons vu dans l'hiftoire de l'Egypte, l'interrogatoire, à jamais mémorable, que le Pharaon fit fubir au raviffeur d'Hélène. La fin, fur-tout, eft digne de Marc-Aurèle ; il faut la tranfcrire ici, pour prouver à cette partie de l'efpèce humaine, qui gémit des injuftices de ceux qui la gouvernent, qu'il y a une morale pour la race des tyrans, comme pour celle des victimes.

LE PHARAON.

Ton crime eſt avéré : mais l'inſtant de la vengeance s'approche, ſon glaive eſt ſuſpendu par un fil ſur ta tête. Que diras-tu pour éluder ton ſupplice ?

PARIS.

J'ai fait naufrage.

LE PHARAON.

Oui, rends grace à cet heureux naufrage, qui, en me rendant maître de ta vie, m'ordonne de la reſpecter. Le malheur rend le crime même ſacré pour moi; ſois tranquille; je ne vengerai point Ménélas, & tes jours, tiſſus d'opprobres, ſont en ſûreté.

PARIS.

Protée me parle toujours comme à un ſujet de Thèbes ou de Memphis, que ſon pouvoir protége; mais qu'importe les loix de l'Egypte au fils de Priam, né l'égal des Rois ? que lui importent la juftice ou la clémence des Pharaons ?

LE PHARAON.

Je fai qu'il y a une convention tacite entre les Princes, de fouffrir qu'ils foient injuftes impunément. Il n'y a point de droit des gens pour ceux qui font nés fur les marches du trône ; par-tout on venge les Rois, & il n'y a aucun lieu fur le globe où on les puniffe. Remercie ta deftinée, Pâris, de ce que je ne fuis pas affez puiffant pour fonder un tribunal qui faffe refpecter l'efpèce humaine, même des têtes couronnées qui la gouvernent ; l'enlèvement d'Hélène ferait le dernier de tes crimes.

———

Protée, fuivant la tradition Egyptienne qui nous fert de guide (*a*), retint dans fes états, Hélène & fes tréfors, & ordonna à Pâris de reprendre à l'inftant

______

(*a*) *Herod.* lib. 2.

la route de la Troade. On ajoute que ce Monarque philofophe pratique, malgré la beauté de l'héroïne Grecque, & la connaiffance qu'il avait de fa faibleffe, eut le courage de la refpecter. Ménélas, après la ruine de Troye, vint réclamer fon époufe infidelle, & le Pharaon la remit entre fes mains ; mais le lâche Spartiate ne paya tant de générofité, que par l'ingratitude ; fur le point de revenir dans fes états, il fit enlever deux enfans Egyptiens, les égorgea en cérémonie, & fit chercher dans leurs entrailles palpitantes, un préfage pour fon retour. Ce caractère vil & féroce, d'ailleurs connu dans toute la Grèce, prouve bien que la guerre de Troye fut l'ouvrage de la feule politique ; les trônes de l'Afie & de l'Europe ne fe renverfent pas ainfi les uns fur les autres, pour complaire à un petit defpote dédaigné, qui veut revoler dans les bras d'une Meffaline.

Homère eft d'une autre opinion ; il a bâti fon Iliade fur l'hypothèfe qu'Hélène était dans Troye , lorsque les Grecs en faisaient le siége ; cette opinion est, en général , la plus répandue dans l'antiquité ; elle a , sur-tout, été adoptée des enthousiastes d'Homère , de ceux qui croyent que l'oracle du bon goût doit être aussi infaillible en histoire.

Il y a , enfin, une hypothèse mixte ; c'est celle des Ecrivains, qui ont voulu concilier la tradition Egyptienne avec Homère : il est vrai que cette conciliation est absurde, en ce qu'elle ne s'opère que par la baguette des enchantemens ; suivant ce nouveau récit , Pâris, sortant de Sparte, au lieu d'enlever Hélène, n'enleva qu'un phantôme parfaitement semblable , que Junon lui avait substitué ; la vraie fille de Léda fut transportée dans un nuage chez Protée , le Salomon de l'Egypte : mais personne ne s'en douta dans la Grèce, & ce fut vraiment pour un phantôme que Troye fut renversée : ce conte Oriental a été suivi par Stési

chore (*a*), & Euripide en a fait le fondement d'une Tragédie.

Il me semble qu'il serait aisé de concilier les deux traditions sans être absurde. Pâris, après avoir enlevé Hélène,
erra dans les mers de la Grèce, & fit
naufrage à l'embouchure du Nil. Le Pharaon, qui régnait alors, donna, comme
nous l'avons vu, son jugement mémorable; il bannit Pâris de ses Etats, &
retint Hélène avec ses tréfors; mais
comme la fille de Tyndare n'était pas
en sûreté sur les bords de la mer contre
les nouvelles entreprises de son ravisseur,
il la fit partir, à l'instant, pour la haute
Egypte, & la confia à la garde de Saophis,
qui régnait à Thèbes sous le titre de son
Vice-Roi. Saophis mourut à l'arrivée
d'Hélène; alors Pâris, qui n'avait pas eu
le tems de s'éloigner de l'Egypte, vint
redemander son amante au nouveau Vice-

(*a*) Platon, *republic.* lib. *9.*

Roi, l'obtint par ses adulations, ou l'acheta avec ses trésors, & l'emmena à Troye. D'après cet exposé, les négociations Grecques, ainsi que la guerre qui les suivit, auront eu un but, & l'Europe ne se sera pas renversée sur l'Asie pour un phantôme.

Rien n'empêche, pour rendre parfaite la conciliation d'Homère avec le récit des Egyptiens, de supposer que Ménélas, après l'incendie de Troye, retournant dans la Grèce avec Hélène, échoua sur les côtes du Delta, & y sacrifia deux enfans, pour trouver, dans leurs entrailles palpitantes, un préservatif contre les naufrages.

Cette conjecture est d'autant plus heureuse, qu'elle a servi à nous donner la vraie date de l'enlèvement d'Hélène, qui fut le prétexte de la guerre de Troye.

Le Protée qui mit tant de sagesse dans le jugement de Pâris, n'est point l'Aménophtes de Manéthon, comme le ferait entendre Hérodote, qui en général ne recueille des dates que pour faire des anachronifmes ; car alors , il y aurait eu foixante & dix ans entre l'enlèvement d'Hélène & la vengeance que les Grecs en tirèrent par l'incendie de Troye (*a*).

Ce Protée eft Ramesès , homme célèbre dans les annales Egyptiennes , dont Rome conferve un obélifque , confacré à fa gloire , & qui , pour avoir aggrandi les limites de fes états , paffa chez un peuple exagérateur , pour avoir conquis le monde.

Ramesès envoya Hélène à Thèbes , l'année de la mort de Saophis , qui tombe à l'an 1005 de Callifthène ; ainfi l'époque de fon enlèvement eft l'année précédente qui répond à la trois cent cinquantehuitième de l'Ere de Paros , que nous avons adoptée pour les annales de la Grèce.

C'eft la même année que Saophis

______

(*a*) Voyez-en les preuves, *Hiftoire des Hommes* , partie ancienne, tome XI , pag. 282.

mourut , & que Senſaophis , qui lui
ſuccéda , eut la faibleſſe de rendre ſa
captive au fils de Priam. Il y a de cet
évènement cinq ans d'intervalle juſqu'au
commencement de la guerre de Troye ;
c'eſt le tems qui dut s'écouler naturellement pour les négociations inutiles de
Ménélas , & pour les préparatifs de la
guerre mémorable qui va nous occuper.
La raiſon , à cet égard , s'unit avec les
faits , pour donner une baſe à notre
chronologie.

NÉGOCIATIONS

POUR

LE RETOUR D'HÉLÈNE (*a*).

L'ENLÈVEMENT d'Hélène embrâfa en un moment toute la Grèce ; Agamemnon, Neftor, & tous les Princes qui defcendaient de Pélops, accoururent à Sparte pour fe concerter fur les moyens de tirer vengeance d'un tel outrage ; la jeuneffe ardente, & dont l'ame guerrière s'indignait d'une longue oifiveté, voulait qu'on portât à l'inftant le fer & la flamme dans

---

(*a*) *Herod.* lib. 1. *Iliad.*, lib. 3. *Dict. Cretenf.* lib. 1, 2, 3, 4 & 5. *Thucyd.* & *Narrat. Con. Paffim. Paufan.* lib. 1, 2 & 4. *Hygin.* Fab. 261 ; ces mêmes Ecrivains vont, dans les chapitres fuivans, nous fervir encore d'autorité.

les

les campagnes de Troye ; mais l'expérience des chefs prévalut : il était important, puisque l'Europe & l'Asie allaient avoir les yeux sur cette guerre mémorable, de la légitimer aux yeux des peuples, & on résolut de négocier avant de combattre. Ce fut Ménélas lui-même, qui fut envoyé avec Ulysse & Palamède, pour redemander à Priam Hélène, ses trésors & ses esclaves.

Les ambassadeurs de la Grèce arrivèrent à Troye avant Pâris, & demandèrent justice à Priam ; le vieux Monarque répondit qu'il ne pouvait juger ce délit, avant d'avoir entendu les défenses de son fils ; prétexte frivole ! car un attentat de la nature de celui de Pâris, était une infraction trop solemnelle des loix sociales, pour qu'on en cherchât la preuve par les formes, longues & versatiles des tribunaux. L'audacieux brigand avait évidemment violé les loix sacrées de l'hospitalité, ravi une épouse à son époux, & par une bassesse qui n'est digne que des scélérats nés dans la pouſſière, dépouillé furtivement un Roi ami, des tréſors accumulés dans ſon palais ; de pareilles perfidies n'admettent point la voie vulgaire des défenſes, & le coupable, fût-il fils d'un Roi, ne doit comparaître devant les vengeurs des crimes, que pour entendre la ſentence qui l'envoie au ſupplice.

Si, malgré l'idée que toute l'antiquité a eue de l'équité de Priam, ce Prince montre ici tant de partialité & de faibleſſe, c'eſt que les ambaſſadeurs de la Grèce avaient mis dans leur réclamation cette fierté qui appelle les injuſtices ; il était, en effet, de leur politique, d'irriter Priam, pour néceſſiter la guerre, le grand nombre s'inquiétant très-peu de ravoir Hélène, mais beaucoup de s'emparer de la ville de Troye.

Pâris arriva enfin, montrant avec faſte la femme & l'or qu'il avait enlevé à Ménélas. Il envenima, auprès de ſon père & de ſes frères, les diſcours ſuperbes des Princes Grecs, & le réfultat du confeil, tenu dans la famille de Priam, c'eft que l'enlèvement d'Hélène était une repréfaille légitime de l'antique enlèvement de Ganymède.

Cependant, le peuple, plus fait que les Rois pour juger les grands crimes, parce que fon cœur droit n'admet point le machiavélifme qui les juftifie, le peuple, dis-je, apprenant la délibération du confeil de Priam, fe fouleva, & vint en foule devant le palais, réclamer contre l'opprobre dont la nation entière allait fe couvrir ; Pâris, ainfi que les grands fcélérats, aima mieux égorger fes concitoyens, que s'amufer à leur répondre ; il defcendit dans la place publique, à la tête des Princes, tomba, le poignard à la main, fur cette multitude défarmée, & à peine la préfence d'Antenor, qui marchait à la tête des vieillards, put-elle faire ceffer le carnage.

Au milieu de ce tumulte, Priam éperdu, & n'ofant juger entre fon peuple

& ses fils, fait venir Hélène : la fille de
Tyndare, aguerrie dans les crimes, parle
avec audace, prétend qu'elle tient encore
plus à la famille des Rois de Troye, qu'à
celle de Sparte ; assure que les trésors
qu'elle apporte, sont sa dot légitime, &
réclame la générosité de Priam, à qui
elle est venue demander un asile contre
ses tyrans. L'effronterie d'Hélène décida
le faible Monarque ; il monte sur son
trône, appelle les ambassadeurs, & dé-
clare publiquement, qu'il laisse à l'épouse
de Ménélas, le choix de retourner à
Sparte, ou de rester à Troye. Le choix
de la perfide était déja fait ; elle annonce
que Ménélas n'a plus de droit sur son
cœur, & Pâris l'emmene en triomphe
aux yeux des Grecs, qui rougissent déja
d'armer l'Europe & l'Asie, pour la querelle d'une courtisanne.

Cependant, les Princes Troyens n'é-
taient pas tranquilles sur les suites de
leurs violences ; persuadés que la famille
de Ménélas, de retour dans la Grèce,

la souleverait aisément contre eux , ils
tentèrent de prévenir la guerre , par des
assassinats ; ils tramèrent un complot pour
faire périr les ambassadeurs , avant qu'ils
fussent sortis de l'Asie mineure. Heureusement Antenor éventa l'intrigue , & en
fit part aux ambassadeurs, qui échappè-
rent à la trahison. Ce long tissu d'ini-
quités , de la part des fils de Priam ,
révolte tous ceux qui jugent les hommes
par les faits , plutôt que par les noms , &
on a de la peine à se faire à l'idée , que
la plupart de ces Princes sont les héros
de l'Iliade.

PRÉPARATIFS DE GUERRE.

DÉNOMBREMENT DE L'ARMÉE DE LA CONFÉDÉRATION.

ENFIN, la destruction de Troye est légitimée aux yeux du Péloponèse, & tous ses guerriers s'arment, pour partager les dépouilles d'un Etat qui les offensait depuis si long-tems, par l'orgueil de son opulence. Au milieu de la fermentation générale qu'excitait ce formidable armement, on fut très-surpris de voir Ulysse, un des Ambassadeurs outragés, n'y prendre aucune part; il était cependant lié plus que personne à la cause commune, puisque c'était lui qui, lors du mariage d'Hélène, avait ouvert l'avis de lier, par un serment solemnel, tous les Princes qui demandaient sa main, à la défense de celui qu'elle prendrait pour époux. C'était

Pénélope qui retenait, loin des confédérés, le fenfible Roi d'Ithaque. Agamemnon vint réclamer la foi de fon engagement, & Ulyffe, enchaîné à-la-fois par l'honneur & par l'amour, imagina un moyen bien étrange pour les fatisfaire tous deux ; ce fut de contrefaire l'infenfé. Palamède foupçonna l'artifice. Un jour que l'époux de Pénélope s'amufait, dans les jardins de fon palais, à conduire une charrue attelée de deux animaux qui n'étaient point faits pour être accouplés, le Prince confédéré prit Télémaque dans fon berceau, & l'expofa fur le fillon que la charrue devait tracer. Ulyffe ne manqua pas de changer de route, pour ne point bleffer fon fils, & trahi ainfi par l'inftinct de la nature, il fut reconnu, & obligé de partir pour la guerre de Troye.

Les Princes s'affemblèrent à Argos, & élurent, pour chef fuprême de la ligue, Agamemnon, Roi de Mycènes, dont l'orgueil fe trouva flatté de voir tant de têtes couronnées sous ses ordres. Palamède, Ulysse & Diomède furent nommés ses premiers Généraux, & on mit, à la tête de la flotte, Ajax, Phœnix & ce fameux Achille, qui, à la différence des héros ordinaires de l'Epopée, fit naître, par son inaction, le Poëme immortel de l'Iliade.

Le dénombrement des troupes Grecques qui formèrent l'armée des confédérés, est par lui-même très-aride. Cependant, comme il fait connaître la division politique du Péloponèse, nous allons le transcrire, en grande partie, d'après Homère, qui fait donner de la vie à ces froids détails de nomenclature *(a)*.

» Muses, qui habitez l'Olympe, & à » qui tout est connu, tandis que nous,

---

(a) Iliad. chant 2 ; nous suivons ici de tems en tems la seconde traduction de M. Bitaubé, la seule qui fasse connaître l'ouvrage d'un grand homme.

» plongés dans l'ignorance , nous n'en-
» tendons que le bruit de la Renommée ,
» dites-moi quels furent les Princes de
» l'armée formidable de la Grèce.

» Penelée & quatre autres Généraux
» conduisaient les Béotiens ; ils avaient
» vogué dans cinquante vaisseaux, montés
» chacun par six vingts guerriers.

» Ceux qui habitent Orchomène, ville
» de Minyas & Asplédon , font com-
» mandés par Ascalaphe & Jalmène, fils
» de Mars. Trente vaisseaux, rangés avec
» art, les portèrent fur les ondes.

» Les Phocéens ont à leur tête Schedius
» & Epistrophe ; ils font venus des bords
» céleftes du Céphise , & quarante vaif-
» feaux compofent leur flotte.

» Le même nombre de navires eft aux
» ordres de l'agile fils d'Oïlée , d'Ajax ,
» le Roi des Locriens, héros qui le cédait
» pour la taille à l'autre Ajax , fils de
» Télamon , mais qui l'emportait fur lui
» par fon adreffe à lancer le javelot.

» Les Abantes, qui ne refpirent que

« les combats, & qui occupent l'Eubée,
» marchent sous la conduite d'Elphénor.
» Les Abantes laissent flotter en arrière
» leur longue chevelure, ne combattent
» que de près, & brûlent de lancer leurs
» piques de frêne pour rompre les cui-
» rasses ennemies ; ils ont traversé les
» mers sur quarante vaisseaux.

» On voit ensuite ceux qui sortirent
» de la ville superbe d'Athènes ; Mnesthée
» marche à leur tête ; entre tous les mor-
» tels que nourrit la terre, nul n'égale ce
» Prince dans l'art de ranger les guerriers
» & leurs chars en bataille. Nestor seul
» lui dispute cette gloire. Mais il a beau-
» coup plus d'âge & d'expérience. La
» flotte de Mnesthée est de cinquante
» vaisseaux.

» Le second Ajax conduit douze vais-
» seaux de Salamine, & place ses batail-
» lons auprès des phalanges d'Athènes.

» Les guerriers d'Argos, de Tirynthe,
» d'Hermione, de Trezène & d'Epidaure
» suivent les loix de Diomède, & quatre

» vingt navires franchiffent avec lui les
» ondes.

» Les enfans de la fuperbe Mycènes,
» de l'opulente Corynthe, de Sicyone, de
» Pallène & de toute la côte maritime,
» accourent avec cent vaiffeaux. C'eft le
» fils d'Atrée, le grand Agamemnon qui
» les commande ; déja le héros a revêtu
» l'airain éblouiffant de fon armure, fier
» d'effacer les Rois dont il eft le Sou-
» verain par le titre qu'on lui a déféré,
» & par les cohortes nombreufes qu'il
» amène dans l'Aulide.

» La fière Lacédémone envoie fes
» guerriers dans foixante navires ; Mé-
» nélas marche au milieu d'eux, fe con-
» fiant dans fa valeur ; il defire plus que
» perfonne de venger l'enlèvement d'Hé-
» lène & fes larmes.

» On voit auffi les peuples qui habitent
» Pylos, les rives délicieufes de l'Alphée
» & Cypariffe. Neftor eft à leur tête. Il
» a fourni, à l'armée confédérée, quatre-
» vingt-dix vaiffeaux.

» Non loin des phalanges de Neſtor ,
» ſont les peuples de l'Arcadie , dont
» Agapenor dirige les mouvemens. Aga-
» memnon leur a fourni ſoixante navires
» pour traverſer les mers , car la navi-
» gation leur eſt étrangère.

» Les habitans de Bupraſie , de l'Elide
» & des terres adjacentes , reconnaiſſent
» quatre chefs , qui ont fourni chacun dix
» vaiſſeaux.

» Quarante arrivent de Dulychium &
» de l'Archipel ſacré des Echinades.

» Ulyſſe conduit les inſulaires d'Ithaque
» & de Céphalenie ; Ulyſſe qui , par ſa
» prudence , eſt élevé au-deſſus des mor-
» tels. Douze vaiſſeaux , dont les proues
» ſont colorées de vermillon , fendent
» les ondes ſur ſes traces.

» Thoas commande les guerriers de
» l'Etolie , de Chalcis , où les flots de
» la mer viennent ſe briſer , & des ro-
» chers de Calydon ; quarante navires
» abordent avec lui en Aulide.

» Idomenée en amène quatre-vingt de

» cette ifle de Crète, fi renommée par
» fes cent villes. Idomenée, armé de fa
» lance, paraît le rival de l'homicide
» Dieu de la guerre.

  » Tlépolème, fils d'Hercule, &
» diftingué foit par fa vigueur, foit par
» fa taille, conduit, dans neuf vaiffeaux,
» les infulaires fuperbes de Rhodes. Nirée,
» le plus beau des Grecs, après Achille,
» en a tiré trois des ports de Syme, &
» la jeuneffe de Carpathe, de Cos, de
» Nifyre & d'autres ifles de la même mer,
» en monte trente qui reconnaiffent le
» pavillon de deux Héraclides.

  » Les guerriers d'Alope, de Trachine, de
» Phthie & d'Hellas, connus fous la triple
» dénomination d'Hellenes, d'Achéens &
» de Myrmidons, ont vogué dans 50
» navires, fous les ordres d'Achille. Mais
» déja la trompette guerrière ne retentit
» plus pour eux. Ils partagent le courroux
» de leur Roi, à qui on a enlevé Briféïs,
» & dont la valeur refte oifive, jufqu'à
» ce que cet outrage foit réparé.

» Quarante vaiffeaux fuivent , vers
» Ilion , Podarces , riche en troupeaux ,
» & Roi de Phylacé ; onze portent les
» guerriers de Pheres , que range en ba-
» taille Eumèle , fils chéri d'Admète &
» d'Alcefte , la gloire de fon fexe.

» Les troupes de Méthone ont pour
» chef Philoctète , & font venus dans fept
» galères , montées chacune par cinquante
» matelots , qui manient l'arc & la rame
» avec la même adreffe. Philoctète n'ar-
» riva pas avec les autres Généraux en
» Aulide ; tourmenté par la bleffure d'un
» ferpent vénimeux , il fut abandonné
» par les Grecs dans l'ifle de Lemnos.
» C'eft Médon , fils naturel du brave
» Oylée , qui tenait fa place à la tête
» des phalanges.

» Podalyre & Machaon , deux fils
» d'Efculape , habiles dans l'art de guérir
» nos maux , voguent fur trente vaiffeaux
» avec les foldats de Tricca , d'Œchalie
» & de la région montueufe d'Ithome ; il
» y en a quarante fous les ordres d'Eury-

» pile, qui portent les bataillons d'Or-
» ménie, d'Aftérion & des rochers du
» mont Titan. Le même nombre fillonne
» les ondes avec les citoyens d'Argiffe
» & d'Olooffon, que gouverne un fils
» de Pirithoüs.

» Vingt - deux vaiffeaux portent les
» Eniens, les Perhœbes & ceux qui cul-
» tivent les environs de la froide forêt
» de Dodone, & quarante font montés
» par les peuples de la Magnéfie. Tels
» furent les guerriers de la confédération
» Grecque. Cette armée s'avance, tel
» qu'un déluge de feu qui ravagerait la
» terre. Les campagnes font entendre
» au loin de longs gémiffemens, fem-
» blables à ceux qui s'élèvent du fein du
» globe, quand Jupiter, armé de fon
» tonnerre, foudroie à coups redoublés
» les rochers d'Arime, fous lefquels
» le cadavre coloffal de Typhée eft
» étendu «.

Ces détails font, en général, de la
plus grande vérité hiftorique ; Homère

ne s'y permet d'être Poète, c'est-à-dire
de tromper les hommes, que quand il
parle de la puiſſance formidable de tous
ces petits Caciques du Péloponèſe ; il eſt
vrai que pour atteindre à la hauteur de
l'épopée, il ſemble qu'on ſoit obligé de
donner une taille coloſſale à tous ſes per-
ſonnages.

Cette prodigieuſe quantité de navires,
qui partent de tous les points de la Grèce
pour la conquête de Troye, n'a rien qui
doive étonner, quand on penſe à la facilité de leur conſtruction & de leur équi-
pement ; les plus grands n'étaient montés
que de ſix vingts guerriers, & nos derniers navigateurs autour du monde en
ont compté autant dans les ſimples piro-
gues des terres Auſtrales.

En ſuppoſant que les navires les plus
conſidérables avaient cent vingt hommes
à bord, & que les plus faibles, qui paraiſſent ceux de Philoctète, en portaient
encore cinquante, on peut calculer que

les 1186 voiles que donne Homère à la flotte de la confédération Grecque, renfermaient près de cent mille hommes.

SACRIFICE D'IPHIGÉNIE.

L'ARMÉE Grecque, raſſemblée dans un port de l'Aulide, n'attendait plus qu'un vent favorable pour commencer ſon expédition ; mais ce vent ne s'élevait point : un calme perfide régnait ſur les mers ; & pour comble de calamité, une maladie peſtilentielle vint exercer ſes ravages parmi cette multitude ; dans les ſiècles d'ignorance, tous les phénomènes de la nature, inacceſſibles à la Phyſique vulgaire, ſervent d'aliment à la ſuperſtition. Les Grecs s'imaginèrent que les vents ne ſe taiſaient ſur les eaux, & que la terre de l'Aulide n'était en proie aux épidémies, que parce que le ciel était offenſé par quelque ſacrilége, & ils réſolurent de l'appaiſer par des crimes même, s'il le fallait ; ce ſont-là les accommodemens avec le ciel, dans la logique du fanatifme.

Il y avait alors, dans l'armée des Grecs, un homme qui n'était pas Roi, mais que le pouvoir de l'opinion rendait fupérieur aux Rois. C'était le Prophête Calchas. Il eft probable qu'Agamemnon avait peu ménagé fon orgueil, & il en fut puni d'une manière bien cruelle. Ce Prince, chaffant près d'un bois confacré à Diane, avait tué, par hafard, une biche nourrie par les Prêtres; Calchas commença par répandre que la Déeffe de l'Aulide irritée fe vengeait en envoyant la pefte; la multitude le crut, il lui paraiffait, dans le rapport naturel des délits & des peines, que le meurtre involontaire d'une biche fût expié par la mort de plufieurs milliers d'hommes.

Cependant le fléau continuait fes ravages, & le camp retentiffait de murmures; Calchas, confulté, répond qu'un fang vulgaire n'eft pas fait pour appaifer le reffentiment de Diane, & que la pefte ne ceſſera que par le ſacrifice de la fille aînée du Roi des Rois, de la jeune Iphigénie.

Le premier mouvement d'Agamemnon, quand on lui annonça la réponſe de Calchas, fut de croire au cri de la nature, plutôt qu'à de vains oracles; il déclara, avec fermeté, que tant qu'il reſpirerait, Iphigénie ne ſerait point immolée; mais les Princes, échauffés par le devin, & charmés, ſans doute, d'humilier un chef impérieux, qui oubliait quelquefois qu'il commandait à ſes égaux, appuyèrent l'oracle; la diſcorde ſe mit dans le camp, & Agamemnon, ſeul du parti de la raiſon, fut dépouillé unanimement de l'autorité ſuprême.

Cependant au fléau phyſique de la peſte, allait ſe joindre le fléau politique de l'anarchie. Les confédérés, pour prévenir le dernier, formèrent une eſpèce d'Ariſtocratie, dirigée par quatre chefs, qui furent Palamède, Diomède, l'Ajax, fils de Télamon, & Idomenée.

Rien n'ébranla Agamemnon ; & comme le calme ne ceſſait point ſur les eaux, ni la contagion dans le camp, Calchas triomphait ; une perfidie d'Ulyſſe amena le dénouement de cette ſcène de fanatiſme.

Le Roi d'Ithaque, feignant de croire que les Dieux ne protégeraient jamais les conquérans de Troye, annonce qu'il retourne auprès de Pénélope ; mais au lieu de prendre la route de ſes Etats, il va droit à Mycènes. Le fourbe avait eu l'art de fabriquer de fauſſes lettres d'Agamemnon à Clytemneſtre, où il lui mandait qu'Achille ne voulait quitter l'Aulide qu'époux d'Iphigénie ; il les préſente à la Reine de Mycènes, qui, fière de s'allier au héros de la Grèce, ſe hâte de faire partir ſa fille. Elle était déja à l'entrée du bois de Diane, quand on vint annoncer à Agamemnon que, grace au ſtratagême d'Ulyſſe, l'autel de la Déeſſe n'attendrait pas long-tems ſa victime.

Ici la tradition hiſtorique ſe partage. Les Ecrivains, amis du merveilleux, prétendent qu'au moment où le farouche Calchas levait le couteau facré fur le fein d'Iphigénie, Diane, appaifée, fubftitua adroitement une biche à la victime, & tranfporta, fur un nuage, la fille d'Agamemnon dans la Tauride, où elle devint fa Prêtreffe.

Suivant un récit un peu plus raifonnable, Achille fut inftruit, au même moment qu'Agamemnon, de la rufe abominable qu'Ulyffe avait employée, pour amener Iphigénie fous le fer de Calchas; il s'élance, à la tête de quelques guerriers d'élite, dans l'enceinte du lieu deftiné au facrifice, tonne contre un culte de fang, qui dégrade à-la-fois la Divinité & fes adorateurs, menace d'immoler Calchas luimême fur l'autel de Diane; & tandis que la multitude en fufpens garde le filence de la furprife, enlève fon amante éperdue, & la rend à fon père; il eft probable que ce jour-là il s'éleva un vent d'eft qui, en purifiant l'air, mit un terme à la contagion. Cet heureux hafard fit que le

courage d'Achille ne lui devint point
funeste ; il retourna paisiblement sur
ses vaisseaux , & le fanatisme , son poignard sacré à la main, ne vint pas lui demander compte du sang humain , que sa
grandeur d'ame avait empêché de répandre.

Telle est l'opinion la plus vraisemblable sur le sacrifice d'Iphigénie ; si
cependant il était nécessaire de la concilier avec la tradition mythologique
qu'ont suivie les Poètes Historiens , il
faudrait supposer qu'au moment où
Achille s'élança dans l'enceinte sacrée,
Calchas , qui avait tout le sang-froid
de l'hypocrisie , voyant que sa victime
allait lui échapper, déclara que le Ciel ,
satisfait de l'obéissance des Grecs , ne
demandait que le sang d'une biche pour
faire cesser la contagion. Le vent d'est,
qu'il avait vu s'élever , l'autorisait à légitimer l'audace d'Achille , sans exposer
son talent de prophète.

Le dénouement de la première tradition eft encore plus aifé à expliquer. Il eft très-naturel qu'Agamemnon voyant, contre toute efpérance, Iphigénie entre fes mains, fe hâta de prévenir un nouvel attentat du fanatifme, & fit partir fa fille, à l'inftant pour quelque contrée de fes vaftes Etats, dont lui feul aurait la connaiffance Le vaiffeau que la Princeffe montait, fut, fans doute, porté par les vents contraires dans le Pont-Euxin, & alla échouer fur les côtes de la Tauride, où, d'efclave de Thoas, Iphigénie devint fa maitreffe, & obtint par-là le facerdoce de Diane.

Quel que foit le fentiment qu'on adopte au fujet de cet acte du fanatifme grec, il eft certain qu'il fut fur le point de s'exécuter. On voit encore, à Rome, parmi les monumens de fculpture du beau fiècle de Périclès, un vafe magnifique, qui repréfente Iphigénie au pied de l'autel de Diane, dans l'attente du coup mortel qui va la frapper; la Déeffe eft affez défignée par fon arc & fon croiffant; Achille, un

pied fur une efpèce de bafe de colonne , regarde , avec attendriffement, fon
amante à demi - nue. Le héros paraît
dans toute la fleur de l'adolefcence ; mais
le cafque qu'il a en tête, fon épée & fa
lance annoncent qu'il n'attend que l'arrivée de Calchas pour faire fuccéder les
élans de la fureur aux larmes de la fenfibilité ; il eft probable que c'eft Ulyffe
qu'on voit de l'autre côté du tableau ;
du moins on en juge par le calme de
fon attitude & par l'obliquité de fes regards. Il y a cinq autres perfonnages autour du vafe ; mais ils prennent fi peu
de part à l'action , qu'ils ne fervent , fans
doute , que d'épifode à la Tragédie du
Sacrifice.

SIÉGE DE TROYE.

LA flotte des Grecs, arrivée à la hauteur de la Myfie, vit de nombreux corps-de-garde le long des côtes, & fe croyant dans un pays ennemi, fe prépara à une defcente meurtrière. C'était une erreur. La contrée appartenait à Télèphe, un des Héraclides, ennemi du Roi de Troye; ce Prince n'avait ceint d'un cordon de troupes la frontière maritime de fes Etats, que pour la mettre à couvert des incurfions des pirates qui infeftaient la mer Egée & la Propontide. Les Myfiens déclarèrent aux Grecs qu'il leur était défendu de laiffer débarquer aucune flotte, avant d'en avoir prévenu leur Souverain; mais des héros guerriers ne répondent que l'épée à la main à des citoyens qui raifonnent. La defcente fe fit. Les corps-de-garde furent taillés en pièces, & à peine s'en

échappa-t-il quelques soldats pour instruire Télèphe de ce défaftre. Le Roi
de Myfie, toujours perfuadé que les vaiffeaux débarqués appartenaient à des pirates, vient, à la tête de fes troupes réglées,
venger le ravage de fes frontières. D'un
autre côté, les Grecs, convaincus que
l'armée ennemie était celle de Priam, fe
mettent en défenfe. Le combat s'engage.
Télèphe eft bleffé, & la nuit feule met
fin au carnage. Le lendemain, on con-
vient d'une trève, pour rendre aux morts
les devoirs funèbres ; & ce n'eft qu'alors
que les deux partis fe reconnaiffent ;
Agamemnon en fut quitte pour témoigner fes regrets à Télèphe, & remontant
fur fa flotte, il fit voile vers la Troade.

Il faut avouer qu'un pareil évènement
n'eft guères dans nos mœurs ; peut-être
même n'eft-il dans les mœurs d'aucune
nation policée ; mais il ne faut pas perdre
de vue que nous fommes au fiècle barbare, où, pour faite lever les vents, on
facrifie les Iphigénie.

Enfin, l'armée confédérée arrive devant la Troade. Un oracle du pays avait prédit que le premier guerrier qui defcendrait fur le rivage ferait tué ; comme toute la côte était gardée par des troupes fraîches & exercées dans la difcipline, il ne fallait pas être prophête pour faire une pareille prédiction. Quoiqu'il en foit, Protéfilas, fe dévouant pour le falut public, s'élança le premier hors de fon vaifleau, fit des prodiges de valeur, & cédant au nombre, périt fur les corps des ennemis, dont il s'était fait une enceinte ; un tombeau agrefte, élevé par les Grecs, & la dédicace d'une ville d'Eléonte, furent le gage de leur reconnaiflance.

Agamemnon, vainqueur, afleoit fon camp fur une péninfule que forme le promontoire Sigée, déploie fon armée le long de la côte, & commence tout de fuite le fiége de Troye.

Il ne faut pas juger des fiéges, dans ces tems reculés, par les nôtres. Cette partie de la Tactique, qui regarde l'attaque ou

la défenſe des places , était alors parfaitement inconnue. Un rempart ſoutenu
de diſtance en diſtance par quelques tours,
& bordé d'un foſſé, ſuffiſait pour arrêter,
pendant pluſieurs années , un conquérant
ordinaire ; l'homme ſimple s'entourait
d'une enceinte de pierres pour défier un
maître , & il mourait libre. L'aſſiégeant
& l'aſſiégé , malgré leur ignorance , n'en
étaient pas plus malheureux.

Les machines de guerre , qui auraient
pu accélérer la priſe des villes , n'étaient
pas encore imaginées ; il n'eſt parlé , dans
Homère , ni de ſappe , ni d'eſcalade , ni
de catapultes ; & comme ce grand Poète
ne laiſſe échapper aucune occaſion de tracer les uſages du ſiècle qu'il décrit , il eſt
démontré qu'on ne connaiſſait pas l'art
de battre des murs ou de les renverſer ,
puiſqu'il n'en eſt pas fait mention dans
l'Iliade.

La difficulté de prendre les villes , l'épée
à la main , avait amené la coutume de
les réduire par famine ; ainſi les ſiéges

n'étaient que des blocus , & pour peu qu'une place fût approvifionnée , la conftance du conquérant fe laffait , & fon orgueil venait fe brifer contre de faibles remparts : voilà pourquoi les fiéges anciens font fi longs : celui de Troye dure dix ans ; nous verrons les Romains fe morfondre , le même intervalle de tems , devant Veyes. Les Egyptiens furent vingt-fept ans à prendre Azoth , fi l'on peut ajouter quelque foi à ce trait de l'hiftoire fufpecte des Pharaons.

Les Grecs , fur-tout, paraiffent n'avoir pris aucune mefure pour accélérer la réduction de Troye ; ils ne tirèrent point de lignes de circonvallation autour de fes remparts ; ils ne ceignirent pas d'un cordon de troupes tous les poftes par où les affiégés pouvaient fe ravitailler ; on aurait dit qu'ils affiftaient à un Tournois , afin de faire parade de leur valeur, plutôt qu'à un fiége meurtrier, qui devait fe terminer par la diffolution d'une Monarchie.

Les cent mille hommes qu'amena la

flotte d'Agamemnon , auraient peut-être pu terminer la guerre dans une feule campagne ; mais les chefs , qui avaient plus de bravoure que d'expérience , s'avisèrent de les partager, ce qui rendit leurs opérations infructueufes;une partie s'amufa à ravager les terres des Princes qui étaient entré dans l'alliance de Priam ; une autre repaffa en Europe , & établit fes quartiers dans la Cherfonèfe de Thrace , uniquement occupée à labourer la terre & à femer du bled , afin de nourrir les troupes de l'Afie mineure. A peine le tiers de l'armée refta-t-il dans la Troade, pour fuivre les opérations du blocus ; on conçoit , d'après toutes ces obfervations , comment Priam conferva , pendant dix années , fa capitale , qui n'avait coûté que quelques jours d'affaut fous Laomédon.

Les Grecs, au refte, par leurs divifions inteftines , fervaient le Roi de Troye , autant que la valeur d'Hector. On peut juger du peu d'harmonie qui régnait entre

les Rois , vaſſaux d'Agamemnon , par
l'hiſtoire tragique de Palamède.

Palamède était , ſoit par ſa valeur , ſoit
par ſon expérience , le génie tutélaire des
Grecs. On le choiſiſſait , d'ordinaire ,
pour réparer les fautes des Princes confédérés. Un jour Ulyſſe , qu'on avait
chargé de tirer du bled de la Cherſonèſe
de Thrace , étant revenu ſans en avoir
apporté une ſeule gerbe , le héros fit voir
au conſeil de guerre , l'ineptie de ſes
opérations , partit pour le remplacer , &
ramena l'abondance dans le camp. Un
tel affront , quand on n'a point de grandeur d'ame , ne ſe pardonne jamais. Le
Roi d'Ithaque jura de ſe venger , &
comme l'occaſion ne ſe préſentait pas ,
il la fit naître par la plus noire des
perfidies.

Ulyſſe , comme nous l'avons vu dans
l'hiſtoire du ſacrifice d'Iphigénie , avait
une adreſſe particulière pour contrefaire
l'écriture des Rois , & l'empreinte de
leur ſceau. Il fabrique une lettre de

Priam, adreſſée à Palamède, où il le remercie d'une trahiſon, & lui en fait paſſer la récompenſe. L'inventeur de cette fourberie n'eut pas de peine à faire intercepter la lettre. Un eſclave ſéduit la porte dans la tente d'Aga-memnon, & on la lit en préſence des confédérés. Ulyſſe, pour mieux voiler ſa trahiſon, feint de prendre la défenſe de Palamède, & demande qu'on ſuſpende le jugement, juſqu'à ce qu'on ait vérifié ſi l'or annoncé par Priam ſe trouve dans la tente de l'accuſé; on y envoie des ſoldats; mais le calomniateur avait ourdi, avec le plus grand art, tous les fils de ſa trame. L'or dépoſé par ſes émiſſaires fut trouvé avec les munitions de Pala-mède, & l'infortuné condamné ſans être entendu, périt par le dernier ſupplice.

Une autre tradition, qui nous a été tranſmiſe par Pauſanias (*a*), laverait peut-être l'armée Grecque de l'aſſaſſinat

____

(*a*) Lib. 10, cap. 31.

juridique de Palamède ; on prétend qu'Ulyffe concerta uniquement fa trahifon avec Diomède , que ces deux Princes engagèrent le héros, qu'ils voulaient perdre , à prendre , avec eux , le plaifir de la pêche , & que celui-ci s'étant approché du bord de la mer, fes affaffins le firent tomber , & le retinrent fous les eaux jufqu'à ce qu'il fût noyé. Tel eft cet abominable Ulyffe , dont Homère a fait le héros de fon fecond Poëme épique.

Le repos de fureur concentrée, où le defpotifme d'Agamemnon amena Achille, nuifit aux opérations militaires de la confédération, encore plus que le meurtre de Palamède : il faut nous arrêter fur cet évènement , puifqu'il a fait naître le chef-d'œuvre de l'Iliade.

Achille , dont la valeur impétueufe ne pouvait fe plier aux lentes opérations d'un fiége , avait été nommé pour ravager , dans l'intervalle , les Etats du parti de Priam : fes expéditions avaient réuffi au - delà de l'attente générale ; il

avait pris foit par mer , foit par terre ,
vingt-trois villes de la Troade , ou des
contrées adjacentes , & le butin avait
toujours été dépofé aux pieds d'Agamemnon, à qui feul il appartenait d'en
faire le partage ; deux vierges , qui fe
trouvèrent parmi les dépouilles d'une
ville de Thèbes , où régnait le père
d'Andromaque , occafionnèrent la rup-
ture entre le Conquérant & le Roi de
Mycènes.

Aftynome, une de ces vierges, fe trouva
la fille de Chryfès , Grand-Prêtre d'A-
pollon, & Hippodamie ou Briféïs , celle
d'un Pontife de la ville de Lyrneffe. La
première échut à Agamemnon, & l'autre
à Achille. La captivité des enfans des
Rois n'avait , jufqu'alors , excité aucun
trouble parmi les Grecs ; celle de deux
enfans de Prêtres fut fur le point d'amener
le carnage de cent mille hommes.

Chryfès , fûr de l'afcendant que fon
miniftère lui donnait fur l'efprit de la
multitude, fe préfente tout-à-coup au

camp des confédérés dans l'appareil im-
posant d'un homme de paix qui vient de
converser avec les Dieux ; il demande
qu'on lui rende Astynome, & étale, aux
yeux des Princes, les richesses qu'il a ap-
portées pour sa rançon ; un murmure d'ap-
plaudissement, de la part de l'assemblée,
fit connaître l'effet de l'éloquence per-
suasive de Chrysès ; mais Agamemnon,
qui était épris de sa captive, déclara que
rien ne pouvait payer la rançon d'Astynome, & menaça son père de tout le
poids de son courroux, s'il ne sortait aussi-
tôt de l'enceinte des retranchemens.

Cet évènement se passait vers les jours
brûlans de la canicule ; le séjour de tant
d'hommes rassemblés dans un si petit
espace, une nourriture peu abondante &
mal-saine, des eaux stagnantes dont on
respirait les vapeurs, un vent pestilentiel,
tout concourut à rappeller cette épidémie
de l'Aulide, que les Prêtres avaient cru
guérir en sacrifiant Iphigénie. Les soldats,
victimes de la contagion, ne manquèrent

pas de faire retentir le camp de leurs murmures ; cette multitude ignorante imagina que la peste ne pouvait désoler une armée, au tems de la canicule, sans que l'ordre de la nature fût interverti, & au lieu d'interroger les Médecins, on consulta les Oracles.

Calchas était toujours dans l'armée Grecque, l'homme qui passait pour entretenir, avec le Ciel, la plus intime correspondance ; mais l'histoire d'Iphigénie l'avait mis mal dans l'esprit d'Agamemnon, & la crainte de ce Roi des Rois tenait sa langue captive. Achille prit à part le Prophête, & lui promit de le défendre, de toute sa puissance, contre quiconque oserait le troubler dans son ministère ; alors Calchas ne balança plus à faire cause commune avec le Prêtre d'Apollon, quoique né dans une terre ennemie, & il déclara que le Ciel irrité ne cesserait d'appesantir, sur les Grecs, son bras vengeur, tant qu'Agamemnon garderait Astynome.

Agamemnon , dont les obſtacles ne faiſaient qu'irriter la paſſion pour ſa cap- tive , laiſſa parler l'inſpiré , & brava ſon oracle ; mais Achille , qui était le chef de la confédération contre le Roi de Mycènes , afin d'aigrir davantage les eſprits , fit raſſembler les cadavres épars de tous les ſoldats qui avaient été les victimes de la contagion , & cet affreux ſpectacle porta la ſédition à ſon comble. Agamemnon , qui avait tout le génie du deſpotiſme , reſta inflexible.

L'incendie de la révolte commençait à gagner tout le camp, quand les Troyens, inſtruits par leurs eſpions de la méſin- telligence qui régnait parmi les Grecs , ſe hâtèrent de faire une ſortie ; Achille & Agamemnon ſe réunirent un moment contre l'ennemi commun ; mais après avoir repouſſé Hector , ils n'en devinrent que plus acharnés l'un contre l'autre. Calchas , par ſon éloquence inſidieuſe , amena les confédérés au point de tenter de dépoſer une ſeconde fois Agamemnon, pour mettre son rival à sa place. Le complot parvint, au Roi de Mycènes, avant qu'il fût parvenu à sa maturité, & sa prudence sut le rendre inutile; il est probable qu'à cette époque son amour pour Astynome s'était éteint par la jouissance; car il déclara tout-à-coup, aux Grecs, qu'il allait la rendre à son père, puisque le salut commun dépendait d'un tel sacrifice.

Agamemnon, tranquille du côté de son pouvoir suprême, songea à tirer vengeance du chef de la sédition; il savait que Briséis était encore plus chère à Achille, qu'Astynome ne l'avait été à lui-même, & il projetta de la lui enlever. Deux hérauts, munis de ses ordres, se rendirent dans la tente du fils de Pelée, & demandèrent qu'on leur livrât la fille du Pontife de Lyrnesse. Le guerrier superbe, qui aurait répondu à Agamemnon l'épée à la main, plus traitable avec des hommes faibles & désarmés, ordonna à Patrocle de remettre, entre les mains

des hérauts, fa captive, & ils l'emme-
nèrent en gémiffant aux pieds du Roi
de Mycènes.

Au milieu de ces troubles, Hector,
qui veillait à la deftinée de Troye, réfolut d'en faire lever le fiége ; il fe préfente foudain hors de fes remparts, à la
tête d'une armée nombreufe qu'il range
en bataille. Les Grecs fortent de leurs
tentes, & fe rangent fous leurs drapeaux,
à l'exception d'Achille, qui, renfermé
dans fes vaiffeaux, refufe de prendre part
au combat, jufqu'à ce que le raviffeur de
Briféïs ait réparé fon injure.

Il y eut, avant la mêlée, un combat
fingulier entre Pâris & Ménélas ; ce dernier, moins lâche que fon adverfaire (je
ne dis pas plus courageux), était fur le
point de lui ôter la vie, quand une flè-
che, lancée du centre des lignes des
Troyens, vint l'atteindre, & fauva ainfi
le fils de Priam ; cette perfidie amena
une action générale. On combattit de
part & d'autre avec acharnement, & la

nuit feule fépara les deux armées, qui s'attribuèrent chacune la victoire.

Hector encouragé fit de nouvelles forties, qui coûtèrent beaucoup de fang aux confédérés; il femblait que depuis qu'Achille avait remis fon épée dans le fourreau, c'étaient les Troyens qui affié-geaient les Grecs, & non les Grecs qui faifaient le fiége de Troye.

L'incendie d'une partie de la flotte Grecque fut un des exploits d'Hector, que l'implacable fils de Pélée fit le plus fervir d'aliment à fa vengeance. La gran-deur du péril ouvrit enfin les yeux aux Princes confédérés. Agamemnon fit céder fa fierté à l'intérêt public, & il offrit à fon fuperbe ennemi de lui rendre Briféis, & d'y ajouter fept captives de Lesbos, fept grandes villes, & fa propre fille en mariage; il prit en même-tems le ciel à témoin qu'il ne s'était permis, avec la fille du Pontife de Lyrneffe, aucune des libertés que les héros Grecs fe per-mettaient avec leurs captives. Achille le crut, ou feignit de le croire ; il revint à l'assemblée des Princes, se réconcilia avec le Roi de Mycènes, & de ce moment, la balance de la fortune changea de poids.

Il paraît qu'Achille avait tous les goûts de l'Hercule qu'il avait pris pour modèle ; comme lui il se plaisait à redresser les torts ; comme lui il était implacable dans ses vengeances ; comme lui, enfin, il aimait les femmes avec emportement : nous venons de le voir rentrer dans sa tente avec Briséis, sept captives de Lesbos, & l'espérance d'épouser sa chère Iphigénie ; ce nombreux serrail ne suffit pas au héros : ayant vu par hasard la jeune Polixène, fille de Priam, dans un temple d'Apollon, où elle faisait la fonction de Prêtresse, il en devint éperdument amoureux, & envoya demander à Hector sa sœur en mariage. Cette négociation, en tems de guerre, était un crime d'état ; la réponse d'Hector, qu'il consentait à l'union de Polixène, pourvu que

ſon époux abandonnât le parti des Atrides, deſſilla les yeux du fils de Pélée, il
ne voulut pas deshonorer, par une perfidie, une vie qu'il eſpérait de terminer
par l'apothéoſe, & il ſe promit d'attendre
que Troye fût en cendre, pour ravir la
virginité de Polixène.

Cependant la dixième année du ſiége
approchait, & *les Oracles*, qui ne men-
tent jamais, quand on les fait parler après
l'évènement, fixaient à cette époque la
deſtruction de Troye. La mort de Patrocle, tué ſur le champ de bataille par
Hector, prépare les voies à ce grand évènement. Juſqu'alors Achille, inſtrument
aveugle du reſſentiment des Atrides,
n'avait combattu que pour juſtifier ſa
renommée ; mais depuis la mort de ſon
ami, ſon ame ſenſible & forte, eut un
intérêt de plus pour exterminer la race
des Troyens : cette mort fit ſur lui une
impreſſion ſi profonde, que cet amant
de toutes les vierges de la Grèce, jura de
ne prendre d'autre lit que la terre, juſ-

qu'à ce qu'il eût immolé Hector , fur la tombe de Patrocle.

L'occafion de remplir ce ferment terrible , ne tarda pas à fe préfenter ; Hector ayant paru , à la tête des fiens , hors des remparts de Troye , l'impétueux fils de Pélée fe jetta fur lui , au travers d'une grêle de traits , & le tua. Jufques-là , l'ami de Patrocle s'était conduit en héros, la fuite de fa vengeance fut d'un Cannibale ; il dépouilla le cadavre du Prince Troyen , lia fes pieds avec des courroyes, l'attacha à fon char , & le traîna autour des remparts de Troye. Le trait était d'autant plus atroce , que dans la Mythologie Grecque , le plus grand des malheurs , pour une ombre , était de favoir fon corps privé de la fépulture.

Priam , à la vue de cet affreux fpectacle , prend un parti que la politique de nos fiècles dégradés condamnerait , mais que la générofité connue des tems héroïques juftifie ; il monte fur fon char , & vient fans fauf-conduit , demander lui-même le corps de son fils à Achille. Le discours qu'Homère prête en cette occasion au vieillard infortuné, est un chef-d'œuvre d'éloquence, qu'une histoire des hommes revendique, comme s'il avait été réellement prononcé; ne perdons rien de ce tableau touchant des mœurs antiques, tracé par un des plus grands coloristes qui ait jamais existé *(a)*.

» Achille était au milieu de sa tente,
» il venait de terminer son repas, & les
» tables étaient encore dressées. Priam
» s'approche sans être apperçu, embrasse
» les genoux du héros, & prenant ces
» mains homicides, encore dégouttantes
» du sang de ses fils. — O fils de Pélée!
» s'écrie-t-il, homme semblable aux
» Dieux, songez que vous avez un père,
» qui, accablé comme moi sous le far-
» deau des ans, touche aux bornes de la

_____

(a) Nous nous servons encore, en grande partie, de la seconde tradition de M. Bitaubé, mais en serrant un peu l'éloquence verbeuse d'Homère, suivant le privilége de l'histoire.

» vie ; peut-être qu'en ce moment des
» conquérans l'affiégent dans fa capitale ;
» mais il eft tranquille, parce qu'il fait
» fon fils plein de vie, & brûlant de
» revoler dans fes bras. Mais moi, le
» plus infortuné des hommes, j'avais
» cinquante fils, quand la Grèce entière
» vint fondre fur la Troade ; prefque tous
» ont fervi de victimes au farouche Dieu
» de la guerre : un feul me reftait, l'hon-
» neur de fa patrie, & vous venez de
» l'immoler. O Achille ! me refuferez-
» vous le cadavre de ce fils chéri, pour
» lui rendre les devoirs funèbres ? voyez
» tout ce que j'ai tenté pour vous atten-
» drir ; j'ai ofé ce que nul homme fur la
» terre n'aurait ofé ; j'ai approché de mes
» lèvres la main homicide du héros qui
» m'a privé de mes enfans «.

  » Ce difcours réveilla dans le cœur
» d'Achille un fouvenir douloureux ; fes
» larmes coulèrent à côté de celles de
» Priam : quand fes yeux cefsèrent d'être
» humides, & que fon cœur fut un peu

» foulagé de fes regrets, il tendit la main
» au vieillard augufte, le releva, & re-
» gardant avec émotion fa tête blanchie
» par les ans : — Mortel que j'ai rendu
» infortuné, dit-il, quel eft votre cou-
» rage, de traverfer feul un camp en-
» nemi, pour venir implorer le deftruc-
» teur de votre race ? mais repofez-vous
» fur ce fiége, & quelle que foit votre
» douleur, renfermez là un moment dans
» votre fein ; il n'y a dans la nature que
» les Dieux feuls d'heureux. Pélée, dont
» vous enviez le fort, n'a qu'un fils, &
» ce fils eft exilé loin de lui, pour des
» querelles étrangères, & il eft condamné
» par le ciel à périr à la fleur de fon âge,
» peut-être fans efpérer de voir fes der-
» niers foupirs recueillis par la tendreffe
» paternelle. O Priam ! ne vous livrez
» pas tout entier à une fenfibilité qui peut
» vous devenir fatale ; repofez-vous un
» moment, & fongez que vos regrets ne
» ranimeront pas la cendre du héros que
» vous avez perdu. —

» Non, n'exigez pas que je me repose ,
» tant que mon fils est étendu devant
» votre tente , privé de sépulture. Ren-
» dez-moi ce corps chéri , que je le bai-
» gne de mes larmes ; & que cette faveur
» d'Achille me fasse trouver encore quel-
» que douceur à jouir de la lumière «.

» L'impétueux Achille lance alors sur
» Priam un regard animé par le courroux :
» vieillard cruel , dit-il , cesse de m'irri-
» ter. Avant que tu m'eusse imploré , j'avois
» résolu de te rendre Hector ; mais tu te
» plais à réveiller mes douleurs , tremble
» que je ne te bannisse à l'instant de ma
» tente , quoique tu y paraisses en sup-
» pliant , & que je ne viole ainsi les
» ordres de Jupiter «.

» Priam effrayé se précipite hors de la
» vue d'Achille ; un moment après le
» héros appelle ses captives , leur ordonne
» de laver le cadavre d'Hector , & de le
» parfumer d'essences , loin du Monar-
» que Troyen , de peur qu'à la vue de
» son fils , son désespoir , ne connaissant

» plus

» plus de bornes, ne l'expofât à la fureur
» du vengeur de Patrocle ; il place enfuite
» lui-même ce corps inanimé fur un lit
» funèbre, & Priam l'emporte à Troye,
» pour lui ériger un monument qui lui
» furvive «.

La mort d'Hector infpira le plus grand
découragement aux Troyens & à leurs
alliés ; Priam qui preffentait la décadence
de fa Monarchie, voulut encore la re-
tarder, en détachant Achille du parti des
Grecs ; il favait que ce héros n'était point
guéri de fa paffion violente pour Polixène ;
il lui fit propofer fecrettement de la lui
donner en mariage ; Achille, toujours
jouet du délire de fes fens, eut la faibleffe d'accepter l'offre ; mais il en fut
cruellement puni, & ce qu'il y a d'étrange
dans cet évènement, c'eft que les Grecs,
qu'un tel hymen offenfait, reftèrent tranquilles ; le coup partit d'une main qui
devait défendre l'amant de Polyxène,
& non de celle qui devait punir fa
perfidie.

Achille s'était rendu au temple d'Apollon, pour époufer la fœur d'Hector ; il était fans armes, & fes yeux, ivres de defirs, ne voyaient que fon amante. Tout-à-coup Pâris s'approche, le frappe de deux coups de poignard, & le renverfe fans vie fur les marches de l'autel. Il y eut un combat fanglant entre les Grecs & les Troyens, pour avoir fon corps ; enfin les premiers l'emportèrent, & fa cendre fut dépofée dans l'urne qui renfermait celle de Patrocle.

Achille, après la prife de Troye, fut fait Dieu par ces mêmes Grecs qui n'avaient pu empêcher fa mort. On lui éleva un temple dans une ifle du Pont-Euxin, & au centre du Péloponèfe ; Delphes, même, fit placer fa ftatue équeftre dans le fanctuaire du temple d'Apollon. Au refte, le Poëme d'Homère, encore plus que la renommée du héros, contribua à fon apothéofe.

L'ombre d'Achille fembla encore ré-

gler quelque tems la deftinée de la Grèce ;
à peine était-il mort , que les Généraux
de l'armée d'Agamemnon fe difputèrent
fes armes , avec un acharnement qui fut
fur le point de devenir fatal à la caufe
commune. Ces armes appartenaient de
droit au plus vaillant des Grecs , & à ce
titre , tous les Princes confédérés voulaient
les avoir en leur puiffance. Ajax , fils de
Télamon , & Ulyffe , furent bientôt les
concurrens les plus redoutables ; ils partagèrent l'armée. Agamemnon , pour éloigner tout foupçon de partialité , interro-
gea publiquement les prifonniers Troyens:
ceux-ci répondirent que le guerrier qui,
après Achille , avait fait le plus de mal à
leur patrie , était Ulyffe , & les armes lui
furent adjugées.

Ajax , le plus fuperbe des hommes , &
le plus impétueux , fortit du confeil, le
cœur ulcéré d'un pareil affront ; il ne mé-
nagea perfonne dans fes coupables em-
portemens , & Agamemnon , qui craignait fes violences , encore plus que

l'inaction d'Achille, les prévint probablement à la manière des defpotes, c'eft-
à-dire, en le faifant affaffiner. A la pointe
du jour, les amis de ce héros entrèrent
dans fa tente, pour voir fi le fommeil
avait rendu quelque calme à fon ame, &
ils le trouvèrent baigné dans fon fang ;
les foupçons tombèrent alors unanimement fur le Roi de Mycènes, qui,
content de jouir de fon crime, dédaigna
de vains murmures.

Cependant, il y a une tradition ancienne qui juftifierait Agamemnon aux
yeux des fiècles, s'il n'était pas évident
qu'elle a dû fa naiffance au machiavélifme de ce defpote. Cette tradition, que
Sophocle a adoptée dans fa Tragédie
d'Ajax, veut que le fils de Télamon,
trop fenfible à l'affront d'être vaincu par
un rival tel qu'Ulyffe, eut un moment
tous fes fens aliénés ; que dans fon
délire, il prit des taureaux pour des
Troyens, & en fit un grand carnage ;
elle ajoute que le héros, revenu à lui-

même, ne put se pardonner sa méprise honteuse, & se tua.

C'est en partant de l'idée de ce suicide, que Calchas, inspiré, non par son Dieu, mais par Agamemnon, voulut priver Ajax des honneurs du bûcher ; mais les Grecs, plus justes que le despote & le prophête, lui érigèrent un tombeau près du promontoire Rhétéen, qui honora sa mémoire & leur reconnaissance.

PRISE DE TROYE.

INCENDIE DE CETTE VILLE,

ET DESTRUCTION DE LA

MONARCHIE.

Il y avait déja neuf ans que Tróye était affiégée ; le fang des citoyens & des ennemis avait coulé à torrens autour de fes remparts, & rien n'annonçait le terme de cette guerre défaftreufe. Pâris, dont les amours criminelles avaient été le prétexte du foulèvement de la Grèce ; Pâris qui avait répondu au cri de l'indignation publique, en maffacrant fes propres concitoyens ; Pâris qui avait couronné fes crimes par l'affaffinat d'Achille, Pâris, enfin, fut tué par Philoctète, & les politiques vulgaires, crurent qu'Hélène allait être rendue aux Atrides, évènement qui conduirait à la levée du fiége ; mais,

comme nous l'avons déja obfervé pla-
fieurs fois, cent mille hommes, impa-
tiens de gloire & de brigandages, ne
s'expatrient pas pendant dix ans, pour
remettre un defpote dédaigné entre les
bras d'une courtifanne La mort de Pâris
ne changea rien au plan de guerre des
confédérés, & ce n'eft que, chargés des
dépouilles de Troye en cendre, qu'ils fe
proposèrent de rentrer dans le Péloponèfe.

Les Troyens, de leur côté, étaient fi
peu difpofés à rendre Hélène à Ménélas,
qu'après la mort de Pâris, les enfans de
Priam fe difputèrent à qui l'épouferait.
Déïphobe fut préféré, mais il ne jouit
pas long-tems de fa nouvelle conquête,
les flambeaux de fon hymenée fervirent
à allumer ceux qui éclairèrent le défaftre
de Troye.

Un des enfans de Priam qui avait
afpiré à la main d'Hélène, indigné de la
préférence qu'on avait donné à Déïphobe,
quitta la Cour de fon père, & fe retira
fur le mont Ida. Les Grecs le firent pri-

fonnier de guerre, & ils apprirent de lui,
que fuivant la croyance des peuples, la
deftinée de l'état était attachée à la garde
du Palladium ; auffi - tôt Diomède &
Ulyffe partent pour enlever la ftatue mer-
veilleufe. Arrivés au pied du rempart,
dit l'ancien Hiftorien Conon (a), Diomède monte fur les épaules d'Ulyffe,
qui s'attendait à être aidé à fon tour par
le compagnon de fes travaux ; mais celui-
ci, qui ne voulait partager avec perfonne
la gloire de cette expédition, laiffe Ulyffe
au pied du mur, va droit à la citadelle,
& s'empare du Palladium. A fon retour,
il marchait fans défiance devant Ulyffe ;
tout-à-coup il voit briller, au clair de la
lune, une épée nue ; il fe retourne, &
voit ce même Roi d'Ithaque, que les
Grecs venaient de juger le plus vaillant
des Grecs, qui fe difpofait à le percer
par derrière ; le héros tira la fienne, &

____

(a) *Narrat.* 34, *in Biblioth. Photii.*

obligea son lâche rival à marcher devant lui jusqu'au camp. Ulysse, couvert d'opprobre, n'en garda pas moins les armes d'Achille.

La prise du Palladium découragea plus les Troyens que la mort d'Hector ; tant la superstition était enracinée chez ce peuple, que son gouvernement, ses mœurs & sa religion, conspiraient à-la-fois à dégrader ! On résolut assez unanimement de traiter avec les Grecs, & ce furent Antenor & Enée qu'on nomma Plénipotentiaires.

Virgile, qui a composé un Poëme épique, pour faire d'Auguste un grand homme, a arrangé, dans son plan, toute l'histoire de la prise de Troye. A l'en croire, Enée, tige, selon lui, de la maison des Césars, fut le second Hector de sa patrie ; mais les Historiens dont s'appuie Dictys de Crète, Historiens qui n'avaient aucun intérêt à falsifier les anciens monumens, pour décorer l'origine d'une généalogie, ont peint avec d'autres couleurs, le héros de l'Enéide. Suivons cette tradition, un peu plus authentique que les vers harmonieux, mais adulateurs, du courtisan d'Octave.

Enée & Antenor furent évidemment deux traîtres, qui livrèrent aux Grecs une patrie qu'ils auraient pu défendre. Dictys dit précisément que leur Ambassade devint l'écueil de leur vertu ; on promit à Antenor la moitié des tréfors de Priam, & sa couronne pour un de ses fils ; pour Enée, qui se berçait sans doute de l'idée de fonder une nouvelle Monarchie, il se contenta de l'assurance de jouir d'une partie du butin, & de voir ses possessions respectées par les conquérans ; à ce prix, les Princes Troyens signèrent le défastre de Troye.

Hélène, qui se doutait de la trahison d'Antenor, alla trouver ce Prince au milieu de la nuit, & l'engagea à stipuler ses intérêts ; on convint que sa réconciliation avec Ménélas ferait partie du traité avec les Atrides ; & il est probable qu'Antenor, qui ne fut jamais être généreux, n'obligea pas la veuve de Pâris d'une manière défintéreffée, & qu'il promit de lui faire pardonner fes anciennes infidé- lités, à condition qu'elle ferait encore une fois infidèlle.

Cependant, Enée & Antenor, de retour dans Troye, y apportèrent un traité chimérique, fait pour endormir la crédulité de leurs concitoyens. Priam, en vertu de ce traité, indemnife, par une fomme d'argent confidérable, les Grecs des frais de la guerre, & ceux-ci promettent de retourner dans le Pélo- ponèfe.

Dans l'intervalle, les perfides Pléni- potentiaires, de concert avec les ennemis, avaient fait conftruire un cheval de bois énorme, pouvant renfermer un grand nombre de guerriers dans fes flancs. L'ouvrage achevé, ils perfuadèrent à un peuple fuperftitieux, qu'il fallait rem- placer le Palladium, enlevé par les Grecs, en offrant ce cheval monftrueux à Minerve ; les Prêtres, pour étendre leur empire religieux, aidèrent à la fourberie d'Énée & d'Antenor, & tout le monde donna les mains à la dédicace de la fatale machine ; comme sa hauteur surpassait celle des portes, on abatit, pour la faire entrer, un pan des murailles, & enfin, à force de bras, on l'amena au centre de la ville, & en face du palais des Rois. Ce cheval, si éloigné, par sa structure, de nos stratagêmes militaires, a paru à quelques Sceptiques une pure allégorie ; cependant, il est difficile de révoquer en doute son existence physique, quand on fait que les Athéniens, en mémoire de cet évènement, avaient fait sculpter en bronze, dans leur citadelle, un pareil cheval, où l'on voyait Mnesthée, Teucer & le fils de Théfée, penchés fur une ouverture, & épiant le moment de defcendre. Ce monument fubfiftait encore du tems de Paufanias.

La trame d'Enée & d'Antenor ainfi ourdie, les Grecs feignent d'équiper leurs flottes pour le départ; ils mettent le feu à leurs tentes, & se retirent vers le promontoire Sigée, comme pour épier le moment de mettre à la voile.

Les Troyens, qui se croyent délivrés à jamais de leurs ennemis, se livrent à une joie insensée, & aux désordres inséparables, chez le peuple, de cette joie tumultueuse. Mais, au milieu de la nuit, la trahison se consomme; les Grecs entrent dans la ville par la brèche qu'on avait faite pour introduire le cheval dédié à Minerve: les héros qui étaient cachés dans les flancs de l'énorme machine, en sortent, & se réunissent aux cohortes d'Agamemnon. En ce moment, les torches embrâsées s'attachent aux édifices publics, & le massacre commence. Le soldat, ivre de sang humain & de destruction, s'abandonna à la licence la plus effrénée; égorger des vieillards sans défense, violer des filles sur le corps sanglant de leurs mères, immoler des Prêtres sur les autels de leurs Dieux, furent

les moindres exploits dont se vanta leur
férocité.

Le sang Royal de Priam ne fut pas plus
épargné, dans cette nuit désastreuse, que
celui de la multitude; l'infortuné Monarque est égorgé par Pyrhus, à qui il
tend les mains, pour lui demander un
asyle; Cassandre, sa fille, est enlevée
d'un temple, pour devenir captive d'A-
gamemnon; la veuve d'Hector est adju-
gée au fils du héros qui l'a privée de son
époux; Hécube, pour éviter de tomber
entre les mains d'Ulysse, se précipite dans
la mer, & Polyxène est arrachée du sanc-
tuaire d'Apollon, pour être immolée au
tombeau d'Achille.

Déïphobe qui, après la mort de Pâris,
avait reçu la main & la foi d'Hélène,
fut cruellement puni de s'être cru quelques momens heureux. L'impitoyable
Ménélas lui fit subir tous les tourmens
que sa jalousie put imaginer; & tandis
qu'il respirait encore, il ordonna qu'on
jettât son corps mutilé devant la porte de

ſon propre palais, pour que ſes derniers regards vîſſent le déſaſtre de ſa patrie; Hélène ne put quitter ce palais embrâſé, qu'en marchant ſur le corps de Déïphobe.

Le jour vint éclairer enfin les horreurs de cette nuit de deſtruction; mais l'ivreſſe féroce du ſoldat durait encore; une foule de malheureux avaient cherché un aſyle dans les temples, tendant les mains aux Dieux impuiſlans, qui n'avaient pu les défendre, on les arracha des autels, qu'ils tenaient embraſſés, & ils furent tous paſſés au fil de l'épée.

Le feu, dans l'intervalle, continuait à dévorer les édifices de Troye; il n'y eut d'épargné que les deux palais d'Enée & d'Antenor; on y avait poſé des corps-de-garde, pour arrêter la communication de l'incendie. Ainſi, les Grecs, plus fidèles à leurs engagemens que des brigands ne le ſont d'ordinaire, à l'égard de leurs complices, conſervèrent aux hommes vils, qui leur avaient vendu leur patrie, le prix deshonorant de leur perfidie.

La prife de Troye forme une époque célèbre dans la chronologie. Les Marbres de Paros la fixent, il y a 2989 ans (*a*), ce qui répond à l'an 1021 de l'Ere de Callifthène. Dans les faftes de la Grèce, cette année mémorable tombe à l'an 373 de l'Ere de Paros, ou 433 ans avant celle des Olympiades.

Enée, après la retraite des Grecs, partagea avec Antenor le droit de régner fur des déferts ; mais il n'y a point d'amitié entre des traîtres ; chacun d'eux voulut bientôt gouverner feul ; Antenor, qui fe trouva lé plus faible, céda à fon rival, & quittant pour jamais l'Afie mineure, vint, à la tête d'une peuplade de Troyens & d'Hénetes, fonder Venife, dans les lagunes de la mer Adriatique.

Enée établit fa réfidence dans une ville

(*a*) Il ne faut jamais perdre de vue que nos calculs fur la durée, jufqu'à nous, finiffent à l'an de l'Ere vulgaire 1780.

de Dardanie, & mourut à Bérécynthe, non loin de cette Troye, qu'il n'eut jamais le courage de relever. Il paraît prouvé, qu'au fiècle d'Homère, la poftérité de ce traître régnait encore dans la Troade (a). Tous ces faits font un peu contradictoires avec la tradition poétique qui fait fortir Enée de Troye embrâfée, portant Anchife & fes Dieux fur fes épaules, afin d'aller fonder un Royaume en Italie; mais nous n'avons point à préfenter des vers adulateurs à un Augufte; le patriotifme ne nous conduit point à falfifier la généalogie des Romains; nous difons la vérité aux hommes, & il doit nous être permis d'avoir une autre opinion que celle de l'Auteur de l'Enéïde.

Le petit Royaume obfcur, que les Grecs confervèrent à Enée, pour prix de fa perfidie, n'a laiffé aucune trace dans l'hiftoire, & nous avons raifon de penfer,

---

(a) *Iliad.* lib. 20. *Hymn. in Vener.*

avec toute l'antiquité , que la priſe de
Troye entraîna la diſſolution de la Monarchie.

DU PARADOXE

DE

DION CHRYSOSTÔME,

QU'IL N'Y A POINT EU DE

PRISE DE TROYE.

Tandis que les chants d'Homère & de Virgile propageaient, dans la nuit des siècles, la gloire meurtrière des vainqueurs de Troye ; que les grands peuples de notre continent bâtissaient, fur les débris de cette ville célèbre, leur généalogie ; que l'époque de fon défaftre devenait la bafe de la chronologie de l'Europe, un Ora-

______

(*a*) Dion Chryfoft. Orat. xi , *de Ilio non capto* , édit. Paris , 1604.

teur vint, armé de tous les fophifmes de l'érudition, & de tous les preftiges de l'éloquence, prouver à l'univers qu'il s'é-tait trompé, & que l'armée d'Agamemnon ne s'était point emparé de Troye.

Il femble, d'abord, qu'il eft auffi inutile de réfuter une pareille rêverie, que celle de Berkeley, l'Evêque de Cloyne, fur la non-exiftence de la matière ; mais, comme on nous l'a tranfmife avec un appareil de preuves hiftoriques, qui en impofe, il n'eft point inutile de s'y arrêter un moment ; on en verra mieux jufqu'où l'efprit humain peut fe jouer de fes propres forces. Ce talent funefte, d'affembler des nuages fur tous les objets de la croyance, rend plus vraifemblable le crime de ces fophiftes, qui préparèrent la ciguë de Socrate.

Dion Chryfoftôme, l'Auteur du paradoxe qui nous occupe, vivait fous Trajan, & vit l'aurore de ce beau jour philofophique, qui éclaira le monde fous Marc-Aurèle ; on ne voit point, à la lecture de son ouvrage, qu'il se soit livré exprès à son imagination, afin de se jouer de celle de ses lecteurs. Ce n'est point un Erasme, qui fait l'*éloge de la folie* ; il est toujours de sang-froid, excepté quand il dit des injures au grand homme à qui nous devons l'Iliade.

Ce n'est point pour être écouté obscurément dans un cercle d'amis adulateurs, que le Rhéteur a composé sa harangue ; il l'a faite pour la postérité même des sujets de Priam. C'est sur les débris de l'ancienne Troye, & dans une assemblée publique de ses habitans, qu'il l'a prononcée, & pour comble de bisarrerie, l'ouvrage est resté sans réponse.

Un des grands raisonnemens de Dion, pour s'inscrire en faux contre la créance de l'univers, c'est la vue des contradictions historiques, sur la personne d'Hélène ; mais, comme nous l'avons observé, l'enlèvement de cette courtisanne couronnée n'ayant été que le prétexte de l'invasion des Grecs dans l'Asie mineure, son séjour en Egypte, ou à la Cour de Priam, n'influe en rien sur la certitude de la prise de Troye. Au reste, les contradictions historiques, sur Hélène, n'étant qu'apparentes, peuvent aisément se concilier. Je ne parle pas ici des contradictions poétiques, telles que celle qui, partageant en deux la fille de Léda, place son corps en Egypte, & son phantôme à Troye ; on sent qu'une pareille absurdité, ne doit, ni se réfuter, ni se défendre.

Un autre sophisme du Rhéteur, c'est qu'Homère ne parle directement, ni de l'enlèvement d'Hélène, origine de la guerre de Troye, ni de la prise de cette ville, qui aurait dû la terminer ; d'où il donne à entendre, qu'une guerre qui n'a eu ni commencement ni fin, n'a jamais existé : mais Homère, dans son admirable Poëme, n'a pas eu pour but de chanter la guerre de Troye, mais seulement la colère d'Achille ; j'aimerais autant qu'un Historien vint élever des doutes sur l'exiftence de Henri IV, parce que sa naiffance

& sa mort ne sont pas annoncées dans la Henriade.

En admettant même l'hypothèse de la guerre de Troye, il ne s'enfuivrait pas, suivant le sceptique, que la ville eût été prise par les Grecs; voici les faits nouveaux que rencontre, ou qu'imagine, sur ce sujet, Dion Chrysostôme.

» Hélène n'a point été enlevée par
» Pâris. Ce fut Tyndare lui-même, qui
» la donna en mariage à ce Prince Troyen;
» un pareil choix allarma la politique
» Grecque; on vit que Priam, par cette
» alliance, s'ouvrait une entrée au midi
» du Péloponèse, ce qui le conduisait à
» l'envahir. Alors, les Atrides songèrent
» à prévenir ce Monarque; ils formèrent
» une confédération, pour l'empêcher
» de s'étendre hors de l'Asie mineure,
» & cent mille hommes parurent tout-à-
» coup en armes dans la Troade «.

Ce Sophiste, comme tous les Ecrivains à système, raisonne très-bien,

pourvu qu'on admette fon principe ; il
eft évident, qu'en fuppofant le mariage
d'Hélène, plutôt que fon enlèvement,
les Atrides ont dû s'armer, pour main-
tenir la balance de la Grèce ; mais toute
la dialectique des Rhéteurs ne faurait
changer les faits. Il eft avéré que le mariage de Pâris & d'Hélène eft un menfonge hiftorique, imaginé exprès, pour
mettre au rang des menfonges hiftoriques
la prife de Troye.

Une autre impofture de Dion, regarde
la mort d'Achille ; il veut qu'Hector, un
jour de combat, ayant fait femblant de
fuir, pour attirer ce héros hors de la
mêlée, le tua, fe couvrit de fes armes,
& pouffa les Grecs, éperdus & défaits,
jufqu'à leurs retranchemens. Il n'eft pas
poffible de donner un démenti plus
formel à Homère. Zoyle, qui fit des
libelles contre ce grand homme, eut
moins d'audace ; ce fatyrique, du moins,
ne déchirait, dans l'Iliade, que le Poète,
au lieu que le Rhéteur attaque l'antiquité

entière, dont le chantre d'Achille a été l'interprète.

La suite du récit de Dion, répond aux fables qui en ont été la base; les Grecs, toujours affiégés dans leur camp, ou vaincus quand ils s'expofaient hors de fon enceinte, demandèrent humblement la paix aux Troyens, qui la leur accordèrent, à condition qu'ils payeraient les frais de la guerre. Avant de fe rembarquer, ils conftruifirent un cheval énorme, qu'ils dédièrent à Pallas, pour expier l'iniquité de leur entreprife, & l'armée confédérée rentra fans gloire & fans argent dans le Péloponèfe.

Expofer la rêverie de Dion, c'eft affez avoir prémuni contre elle; quand aux petits faits qu'il a tirés des Ecrivains de poids, tels que Strabon, on peut les admettre, fans nier la prife de Troye. Par exemple, il eft dit dans le fameux géographe du fiècle d'Augufte, que Scamandre, fils d'Hector, & fa poftérité, régnèrent long-tems à Scepfis, ville de la

Troade (*a*) ; mais ce fait n'empêche pas qu'Hector n'ait été tué par Achille, & que l'armée d'Agamemnon n'ait faccagé la capitale de Priam. Dans la dialectique de l'hiftoire, le règne de Scamandre à Scepfis, prouve même le néant du fyftême de Dion ; car fi Troye n'avait pas été prife, pourquoi la maifon Royale abandonnait-elle fa métropole, pour une petite ville inconnue de la Troade ?

Enfin, le filence des Troyens, fur l'audace de Dion Chryfoftôme, n'en prouve que faiblement la légitimité. Ces Troyens dégénérés, & qui n'avaient plus d'exiftence que par celle de leurs ancêtres, étaient intéreffés, par la vanité nationale, ainfi que les Arabes & les Romains, à dire qu'ils n'avaient jamais été fubjugués. Ils le foutinrent même à Strabon (*o*), qui prit la peine de les réfuter. Il eft donc

______

(*a*) *Geograph.* lib. XIII.
(*b*) *Geograph.* loc. citat.

très-probable que Dion, en leur déclamant sa harangue, songea plus à les flatter qu'à instruire son siècle; & le Rhéteur n'en aurait pas moins menti à la postérité, quand même Troye lui aurait érigé une statue.

RETOUR DES GRECS

DANS LE PÉLOPONÈSE.

D'AGAMEMNON

ET

DES ROIS DE MYCÈNES.

Pour arranger avec une certaine méthode la filiation des faits, dans les annales de la Grèce, nous avons encore à crayonner le retour des vainqueurs de Troye dans leur patrie, avant de parler de la Monarchie de Créfus, qui complette l'hiftoire de l'Afie mineure.

Parmi ces vainqueurs, il en eft de trop obfcurs, foit par eux-mêmes, foit par leurs Etats, pour mériter un chapitre à part dans une hiftoire des hommes, &

nous ne parlerons des autres , qu'autant
que leurs règnes ne feront pas une partie
immédiate des annales d'Athènes & de
Lacédémone ; annales qu'il ne faut point
morceler , parce qu'à l'époque prefque de
leur origine , ces villes , qui ont tant mérité de l'efprit humain , ont une chronologie.

Agamemnon , le chef fuprême de la
ligue Grecque , était , du tems de la
guerre de Troye , le fouverain le plus
puiffant du Péloponèfe ; mais ce n'eft que
peu-à-peu que les couronnes s'accumulè-
rent fur fa tête. Les origines de Mycènes
annoncent un Etat faible , ainfi que celles
de tous les empires du globe. Le premier
de fes Rois fut Perfée. Ce Prince , comme
nous l'avons vu dans l'hiftoire d'Argos ,
défefpéré du meurtre involontaire de fon
grand-père Acrifius , ne voulut pas régner
dans une ville où tout retraçait une image
déchirante pour fa fenfibilité ; il échangea
fes Etats contre ceux de Mégapenthe ;
car dans ces tems reculés , on était déja

dans l'ufage de céder, ou même de
vendre les peuples comme de vils troupeaux que l'or feul apprécie ; & il alla
régner à Tyrinthe ; ce héros, d'un caractère inquiet, s'ennuya bientôt de fa nouvelle couronne, & il fortit de Tyrinthe,
pour aller fonder la métropole d'une nouvelle Monarchie ; au commencement de
fes courfes, il laiffa tomber le pommeau
de fon épée (en Grec *moukes*), &, perfuadé que c'était un figne manifefte de la
volonté des Dieux, il bâtit, fur l'empla-
cement, la ville de Mycènes (*a*).

Nous avons confacré un chapitre particulier à l'hiftoire de PERSÉE, fi défigu-
rée jufqu'ici par les rêveries des Poètes,
& par les Savans qui ont commenté ces
rêveries ; cet antique paladin de la Grèce
mourut paifiblement dans Mycènes, &
fon fucceffeur fut MASTOR, le quatrième
des enfans qu'il avait eus d'Andromède (*b*).

(*a*) *Paufan.* lib. 2, cap. 16.
(*b*) *Apollod.* lib. 2.

Ce Prince ne foutint en rien la gloire du vainqueur de la Gorgone.

La nombreufe famille de Perfée, & la mutilation de fes Etats, pour faire des apanages aux diverfes branches de fa maifon, jettent, à cette époque, dans l'hiftoire de Mycènes, des nuages épais, qu'il eft affez peu important, à la raifon, de voir diffiper. Il fuffit de dire ici, qu'ELECTRION, cinquième fils de Perfée, ayant fuccédé à Maftor, fon frère, les petits-fils du dernier vinrent lui difputer fa couronne. Au milieu de ces diffentions civiles, le Roi fut tué involontairement par Amphytrion., un defcendant de la branche aînée des Perféïdes, qui s'exila de Mycènes, & vint à Thèbes. C'eft le même Amphytrion qui, devenu l'époux d'Alcmène, partagea, dit-on, avec Jupiter, l'honneur de donner naiffance à Hercule.

Ce fut un autre fils de Perfée, nommé STHÉNÉLUS, qui remplaça Electrion; il gouverna Tirynthe & Mycènes, & tranf-

mit fa couronne à Eurysthée, l'ennemi
éternel d'Hercule, mais dont la politique
fombre & jaloufe, ne fervit qu'à conduire
le héros qu'il voulait faire périr, aux
honneurs de l'apothéofe.

Euryfthée, après la mort d'Hercule,
le perfécuta encore dans fa poftérité, tant
fa gloire lui faifait d'ombrage ! mais
Hyllus, fils du héros & de Déjanire,
vengea fon père ; il s'unit avec Théfée,
Roi d'Athènes, défit le tyran en bataille
rangée, & lui ôta la vie.. Cet exploit fut
fuivi de la conquête de prefque tout le
Royaume de Mycènes.

Le jeune Héraclide allait monter fur
le trône de Perfée. Il s'y plaçait par droit
de ' conquête, &, ce qui légitimerait
peut-être ce droit contre nature, il y était
appellé par la voix des peuples ; mais une
Pythie parla au nom des Dieux, & le
trône lui échappa : malheureufement une
pefte terrible défolait alors le Péloponèfe.
La Sibylle Grecque, gagnée par les Pélo-
pides, qui voulaient envahïr l'héritage

d'Eurysthée , déclara , dans une de ses extases prophétiques, que le tems marqué pour l'avènement des Héraclides aux trônes de la Grèce , n'était pas encore arrivé, & que le départ d'Hyllus pouvait seul mettre fin à l'épidémie. Le jeune conquérant eut la faiblesse de croire à l'Oracle , & il céda ainsi à Atrée le Royaume de Mycènes.

ATRÉE descendait de Tantale (*a*) , par ce Pélops, petit Roi de Sipyle, qui , à force d'aggrandir son Etat , faible & presque dénué de sujets, avait mérité de

---

(*a*) Les Poètes seuls ont écrit l'histoire de Tantale, ce qui nous empêche de nous y arrêter; ils ont dit que ce Prince avait les Dieux à sa table , & qu'un jour, pour éprouver leur divinité, il leur servit à manger les membres de son fils Pélops (qui cependant le remplaça sur le trône de Sipyle). Son supplice dans les enfers, qui consistait à être plongé , jusqu'au menton , dans un lac dont les eaux se retiraient à mesure qu'il voulait boire , est encore un jeu de l'imagination des Ovide & des Hésiode.

donner son nom au Péloponèse. Il époufa Erope , fille d'Euryfthée , & régna au milieu des orages ; Hyllus , dont l'âge avait mûri la tête , plus éclairé fur la politique artificieufe qui avait fait parler les Oracles , s'était repenti d'avoir cédé le fceptre d'Euryfthée, & vint le redemander à la tête d'une armée ; cependant, comme le fang des peuples n'était pas fait pour couler ainfi à la voix de l'ambition de quelques individus couronnés , il propofa à fon rival de terminer la querelle par un combat finguiier ; le défi fut accepté , non par Atrée , mais par un Roi des Tégéates, fon allié , qui tua Hyllus fur le champ de bataille. Les Héraclides , en vertu du traité, s'exilèrent du Péloponèfe.

Atrée victorieux , ne rentra dans Mycènes que pour y effuyer des revers domeftiques, plus funeftes que la conquête de fa Monarchie. Thyefte , fon frère , pendant fon abfence , était devenu amoureux d'Erope , & l'avait féduite au point de la rendre mère. Le Monarque, inftruit

de son opprobre, chassa Thyeste de ses
Etats , & crut rétablir la paix dans sa
maison. Mais un cœur une fois donné
par le crime , est ordinairement perdu à
jamais pour un époux ; Erope porta dans
les bras d'Atrée son amour pour Thyeste ;
elle ne se montra la mère que de ses enfans adultères, & peu-à-peu la vengeance
s'enracina dans l'ame tortueuse du despote au point d'éclater par des horreurs
qui font frémir la nature. Atrée feignit, au
bout de plusieurs années, de se réconcilier
avec Thyeste, l'appella dans Mycènes, &
au milieu d'un festin , destiné à anéantir
le souvenir des anciennes discordes, lui
fit servir à manger la tête & les membres
sanglans du fils infortuné qu'il avait eu
d'Erope. Ce trait atroce , qu'une philosophie trop circonspecte a long-tems jugé
impossible , a été renouvellé dans nos
siècles de Chevalerie , ce qui lui a
rendu sa vraisemblance. On sait que
ces festins abominables d'Atrée & de
Fayol, ont été transportés sur la scène,

& vus, avec intérêt, par ceux qui aiment les fpectacles d'échaffaut & les repas d'antropophages.

Thyefte, fans vertu & fans courage, ne mourut pas du feftin d'Atrée, il erra dans la Grèce, cherchant par-tout un afyle contre les fureurs de fon frère. Son entrée dans Sicyone fut confacrée par un incefte. Ce Prince arriva de nuit dans cette ville, & au moment où Pélopie, fa fille, affiftait à un facrifice de Minerve; dans la crainte de profaner les myftères de la Déeffe, il fe détermina à refter dans un bois voifin, jufqu'à la pointe du jour. Le hafard voulut que Pélopie tombât en conduifant une danfe facrée, & fouilla fa robe du fang des victimes. Elle fort du temple à l'inftant, & profitant de l'obfcurité profonde qui la dérobait à tous les regards, elle fe rend au bord d'une fontaine, pour laver fa robe enfanglantée. Le hafard veut que le bord qu'elle choifit touche au taillis où repofait fon père. A peine s'eft-elle dépouillée, que Thyefte, les yeux ivres de volupté, s'élance sur sa proie, lui fait violence, & ne quitte la vierge éperdue, qu'aussi coupable qu'il pouvait l'être. Pélopie, en se débattant, avait saisi l'épée de l'inconnu, elle rentre au temple de Minerve, la mort dans le cœur, & cache cette épée fatale sous la statue de la Déesse. Pour Thyeste, au lever du soleil, il quitte Sicyone, & porte ses pas, mais non ses remords, dans d'autres villes du Péloponèse.

Cependant Mycènes était en proie aux horreurs d'une famine; l'oracle consulté, répondit que les Dieux punissaient l'horrible festin d'Atrée, & le tyran promit de rappeller Thyeste; il alla à cet effet dans la Thesprotie, qu'il croyait l'asyle de son frère, y rencontra Pélopie, & se voyant, par la mort d'Erope, libre de ses premiers liens, la demanda en mariage. La fille de Thyeste, en épousant son oncle, se trouvait enceinte de son père. Devenue mère, elle expose son enfant; mais Atrée l'ayant rencontré sous une chaumière de berger, l'adopte, sous le nom d'Egyste, & lui donne une éducation digne du trône. Dans l'intervalle, l'épidémie avait cessé dans Mycènes, & le Roi, se croyant quitte envers les Dieux, continua à persécuter Thyeste. Il mit sa tête à prix, & pour comble d'horreur, ce furent Agamemnon & Ménélas qu'il chargea du soin de la proscription. Thyeste eut le malheur de se rencontrer à Delphes avec ses neveux ; il fut reconnu, arrêté, & conduit à Mycènes. Atrée l'envoya dans un cachot destiné aux scélérats, & ordonna à Egysthe de lui ôter la vie.

Déja le fer était levé sur le sein de Thyeste, quand le Prince reconnut l'épée qu'il avait, quand il viola la vierge de Sicyone. Les lumières qui naissent de l'explication, redoublent la curiosité, soit du bourreau, soit de la victime. On fait venir Pélopie dans la prison, & l'horrible reconnaissance s'achève. La Reine de Mycènes ne peut soutenir l'idée de son inceste, se saisit de l'épée fatale, & se la

plonge dans le cœur. Cette épée enfanglantée eſt portée à Atrée, qui, perſuadé
de la mort de Thyeſte, ſe livre à une
joie barbare, & fatigue les Dieux de ſa
reconnaiſſance homicide ; Egyſthe n'at-
tendit pas, pour punir le monſtre, la fin
du ſacrifice, il le poignarda aux pieds des
autels, & préſentant enſuite THYESTE au
peuple, il lui mit ſur la tête la couronne
de Mycènes.

Agamemnon & Ménélas, le jour de
cette ſcène terrible, s'enfuirent du palais,
& allèrent demander un aſyle à Polyphide,
Roi de Sicyone.

Dans la ſuite, les Atrides s'armèrent,
pour venger l'aſſaſſinat de leur père ; il y
eut une nouvelle révolution, & Agamemnon ayant dépoſſédé Thyeſte, ſon
oncle, monta ſur le trône de Mycènes.

AGAMEMNON. — C'eſt à cette époque
que la famille d'Atrée commence à jouer
un grand rôle dans la Grèce. Ménélas
obtient en mariage Hélène, qui lui porte
en dot le Royaume de Sparte ; & Aga-

memnon, en époufant Clytemneftre, fœur d'Hélène, acquiert des richeffes immenfes, dont fa politique audacieufe fe fert pour envahir une partie du Péloponèfe.

Ce fut la grande puiffance du nouveau Roi de Mycènes qui, comme nous l'avons dit, le fit mettre à la tête de la confédération Grecque, contre la Monarchie de Priam. Il fe conduifit, durant tout le cours du fiége, en defpote petit & jaloux, qui ne voit dans une expédition mémorable, que la fatisfaction fecrette de commander à des Rois ; auffi la conquête de Troye n'ajouta rien à l'idée que fes contemporains avaient conçue de lui ; elle ne fervit ni à fa gloire, ni à l'aggrandiffement de fa Monarchie.

Si, d'un autre côté, on examine d'une vue philofophique, l'influence que cette guerre célèbre de Troye eut fur la civilifation du globe, on voit avec furprife que l'efprit humain eut alors une marche rétrograde. Pendant que les Rois, devenus d'infenfés paladins , s'armaient pour la querelle de l'efclave couronné d'une courtifanne , les trônes déferts étaient envahis par des confpirateurs. Les Reines, abandonnées de leurs époux , fe livraient à des amours adultères , les peuples fecouaient le joug des loix , & un efprit de vertige femblait répandu fur toute la partie du monde connu , qui avait fes intérêts liés avec l'Afie mineure ou le Péloponèfe. Pendant ce tems-là , l'agriculture était découragée , l'induftrie rampait, les arts reftaient dans leur germe ; il femblait que les hommes fîfent effort pour fe replonger dans les fanges de la barbarie , dont ils fortaient à peine. Quelque célébrité que le génie d'Homère ait donné à cette expédition de Troye , il me paraît démontré qu'elle a circonfcrit fingulièrement l'effor de la raifon , & retardé de plufieurs fièclés le bel âge d'Alexandre.

Après l'incendie de Troye , les vainqueurs fe partagèrent , & retournèrent dans leur patrie à diverfes époques. Ceux qui s'amusèrent à dévaster la Troade, ou à offrir aux Dieux du pays de vains sacrifices, furent accueillis sur la Méditerranée par les plus violens orages. De ce nombre fut Agamemnon ; aussi arriva-t-il près de Mycènes, moins dans l'appareil d'un conquérant, que dans l'état déplorable d'un malheureux qui vient de faire naufrage.

Quand Agamemnon entra dans sa capitale, son trône & son lit étaient occupés par un traître, qui avait abusé de sa confiance ; mais il n'en savait rien, & le cri des peuples indignés, ne se fit pas entendre à son oreille. Ce traître était Egysthe, l'assassin de son père, avec qui il avait eu la faiblesse de se réconcilier, & qu'il avait fait, pendant sa longue absence, Vice-Roi de Mycènes. Le fils de Thyeste commença sa trame par séduire Clytemnestre qui, née sensible, résista plusieurs années, & se livra ensuite à ses feux coupables avec un emportement qui semblait l'indemnifer de sa longue résistance. A l'approche d'un époux outragé & implacable dans ſes vengeances, le couple adultère ne s'abandonna pas à un ſtérile déſeſpoir ; il conſpira la perte d'Agamemnon, & mit dans l'exécution du complot, une perfidie digne du ſang d'Atrée ; le Monarque infortuné, arrivé aux portes de Mycènes, trouva un cortège nombreux de chars & de chevaux, qui le conduiſit en triomphe dans ſon palais : un feſtin ſuperbe y était préparé ; dans le tems que les convives, pleins de ſécurité, ſe livraient à la double ivreſſe de la joie & du vin, Clytemneſtre propoſa à ſon époux de quitter la robe Phrygienne, qu'il portait depuis la conquête de Troye, pour en revêtir une autre tiſſue de ſes mains. Le Monarque crédule ſe dépouille, prend la robe fatale, dont les manches étaient fermées à deſſein, & ſes bras s'y embarraſſent ; les aſſaſſins, aux gages d'Egyſthe, profitent du moment, fondent ſur lui & le maſſacrent ; les Généraux d'Agamemnon accourent à ſes cris pour le défendre, mais les satellites de l'usurpateur les enveloppent eux-mêmes, & les passent au fil de l'épée; ils tombent, & regrettent de n'avoir pas trouvé leurs tombeaux sous les remparts de Troye.

Pendant que cette scène de carnage se passait, dans la salle du festin, Clytemnestre faisait égorger, dans un appartement voisin, la jeune Cassandre & les enfans qu'Agamemnon avait eus de cette fille de Priam. Le projet des régicides était aussi de se défaire d'Oreste pour anéantir la race des vengeurs; mais Electre, sa sœur, le dérobe à tous les regards, & la nuit même qui suivit ce jour de sang, elle le fit partir pour la Phocide.

Clytemnestre, les mains encore dégouttantes du sang d'Agamemnon, mit sa couronne sur la tête d'Egysthe, qui la porta sept ans entiers, malgré les peuples esclaves, qui ne murmurèrent que dans la poussière.

Oreste, destiné à punir les attentats de sa mère, par un parricide, passa de la

Phocide dans les Etats de son oncle Ménélas, & après sa mort, devint Roi de Sparte. Les peuples aimèrent mieux obéir au neveu de leur Monarque, qu'à Nicostrate & à Mégapenthe, ses fils ; mais nés d'une mère esclave. Au reste, ce Prince avait d'autres droits encore au trône de Ménélas, puisqu'il avait épousé sa fille Hermione. L'assassinat de Pyrhus, à qui il dut ce mariage, est un évènement dont le récit sera beaucoup mieux placé dans l'histoire de la maison d'Achille.

Oreste, devenu Roi de Sparte, ne profita de sa puissance que pour punir ceux qui lui avaient ravi le domaine de ses pères ; il vint à Mycènes, égorgea Egysthe entre les bras de Clytemnestre, qui le tenait embrassé, & l'épée vengeresse, dirigée par une main céleste, alla frapper d'un coup mortel la Reine elle-même, que cette fin tragique déroba à l'opprobre de l'échaffaut.

Oreste. — Quelque tems auparavant, Diomède qui jouissait de l'autorité su-

prême dans Argos , défefpéré de voir
Ægialée fon époufe , vivant dans un commerce adultère avec un jeune Argien ,
nommé Cometes , & craignant la deftinée d'Agamemnon , avait abandonné fes
Etats , pour aller fonder une colonie dans
cette partie de l'Italie , qu'on appella
depuis la grande Grèce. Ce trône , devenu
ainfi vacant , échut à Orefte , qui réunit
fur fa tête les trois couronnes de Sparte ,
d'Argos & de Mycènes.

Les Poètes ont dit qu'Orefte , depuis
fon parricide , fut agité par les furies ,
jufqu'à ce que fon crime fût expié par
l'enlèvement du Palladium de la Tauride.
Ces furies ne font autre chofe que les
remords , qui n'abandonnent jamais les
grands criminels , qui s'affeyent avec eux
fur le trône , & qui empoifonnent tous
leurs plaifirs , jufqu'à ce que leurs cœurs ,
devenus d'airain , confomment leur divorce avec la nature.

Orefte , en retournant à Sparte , fut
jetté par une tempête dans le Pont Euxin,

& fon vaiffeau échoua fur les côtes de la Tauride : c'était l'ufage, dans toutes ces contrées maritimes, infeftées par les brigandages des pirates, d'égorger aux autels tout étranger qui y paraiffait fans défenfe ; c'eft la vengeance de la lâcheté, & les Nations n'en font pas plus exemptes que les individus. Orefte, en vertu de cette loi féroce, fut conduit, avec les Grecs de fa fuite, au temple de Diane, pour y être *égorgé* par la Prêtreffe.

Heureufement pour le fils d'Agamemnon, cette Prêtreffe fe trouva être Iphigénie. Au moment du facrifice, la victime, déja ceinte du bandeau mortel, faifant un retour douloureux fur les défaftres de fa maifon, ne put s'empêcher de s'écrier, *c'eft ainfi que périt en Aulide ma fœur Iphigénie.* Ce mot fi fimple & fi déchirant, amena la reconnaiffance.

Une tradition Grecque veut qu'Orefte ayant été reconnu, le féroce Thoas, qui regnait alors dans la Tauride, voulut qu'il fût immolé ; on ajoute que Pylade, qui reſſemblait au frère d'Iphigénie par les traits du viſage, & encore plus par ſon ame, tentât, en prenant ſon nom, de périr pour lui. Il y eut à ce ſujet un combat héroïque entre les deux amis, & quoiqu'un trait ſi beau n'ait pour garans que des Poètes, il mérite, pour la conſolation des Hommes, de trouver une place dans leur Hiſtoire.

On croit qu'Oreſte, ayant retrouvé Iphigénie, ſe concerta avec elle pour délivrer la Tauride du tyran qui l'opprimait, enleva la ſtatue de Diane, qui était le Palladium de la Tauride, & s'embarquant ſur un vaiſſeau, qui ſe trouva tout prêt dans le port, fit voile, avec ſa ſœur & l'idole de Thoas, vers le Péloponèſe.

Le meurtre de Thoas guérit, dit-on, Oreſte des remords que lui avait donnés le meurtre de Clytemneſtre, ce qui ne fait pas l'éloge de la théologie Grecque, qui a conſacré ce conte religieux. Le Prince, abſous & tranquille, rentra, en triomphe, dans ſes Etats, & mourut dans ſon lit, laiſſant ſa couronne à ſon fils TISAMÈNE, qui n'en jouit que trois ans, & fut tué dans une bataille. C'eſt dans l'interrègne qui ſuivit la mort de Tiſamène, que les Héraclides conquirent Argos & Mycènes, & changèrent par cette révolution toute la face du Péloponèſe.

Fin du Tome II de l'Hiſtoire de la Grèce.

TABLE

DES CHAPITRES.

SUITE DE L'HISTOIRE DE LA GRÈCE.

Histoire de Persée & des Gorgones. page 5

Considérations sur l'Asie mineure, à l'époque de la première population du Péloponèse. 29

Des Peuples & des Rois de la grande Phrygie. 39

De la Monarchie Troyenne, & Histoire de ses Souverains, jusqu'à la guerre de Troye. 73

Vues générales sur l'histoire des Argonautes. 97

Récit historique de la conquête de la Toison d'or. 103

*Hiftoire poétique de la même con-
quéte.*   114

*Vues nouvelles fur une double expé-
dition de la Colchide, hiftoire de
celle qui fut exécutée par les Grecs,
dans le fiècle de la guerre de
Troye.*   131

*D'Orphée, un des premiers Argo-
nautes de l'expédition de Jafon.*

                                               143

*D'une autre expédition de la Col-
chide, exécutée par un peuple du
monde primitif.*   153

*Périple de l'Hercule Oriental, ou
hiftoire de fon voyage autour
du monde.*   169

Hiftoire de Médée.   213

De l'origine de la guerre de Troye.

                                               225

Hiftoire de Páris & d'Hélène.   239

Négociations pour le retour d'Hé-
lène. 260

Préparatifs de guerre. Dénombre-
ment de l'armée de la confédé-
ration. 266

Sacrifice d'Iphigénie. 278

Siége de Troye. 286

Prise de Troye. Incendie de cette
ville , & deſtruction de la Mo-
narchie. 314

Du paradoxe de Dion Chryſoſtôme,
qu'il n'y a point eu de priſe de
Troye. 327

Retour des Grecs dans le Pélopo-
nèſe. D'Agamemnon & des Rois
de Myſcènes. 336

Fin de la Table.

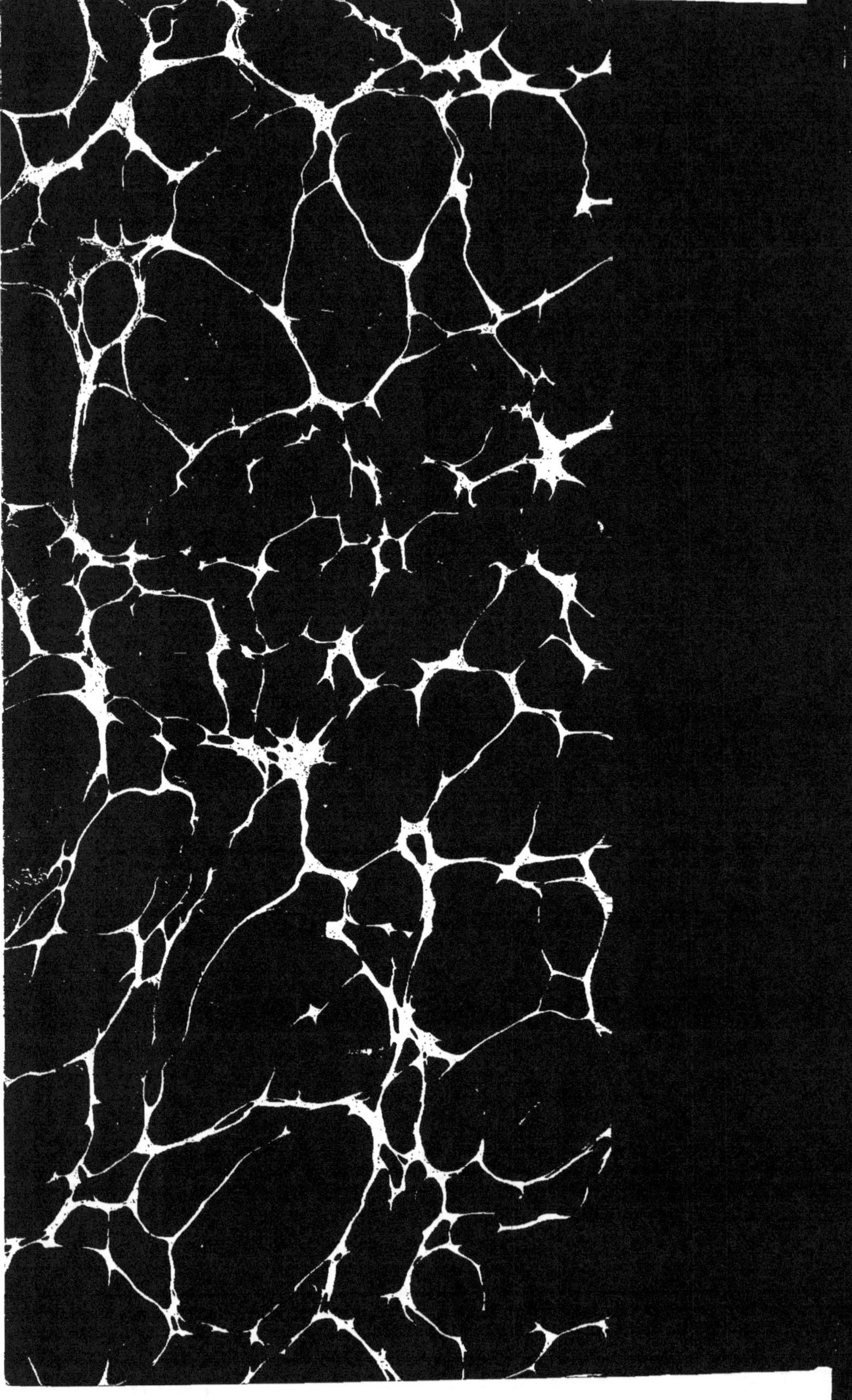